臨床現場に生かす
クライン派精神分析

―精神分析における洞察と関係性―

I・ザルツバーガー‐ウィッテンバーグ 著

平井 正三 監訳

武藤 誠 訳

岩崎学術出版社

監訳者まえがき

人と関わるさまざまな領域で、心のケアということがわが国で言われ始めて久しく、多くの人がこのやりがいのある仕事に携わるようになっています。しかし、実際に人の心と関わる中で、多くの臨床家は、方向性を見失ったり、困難に陥ったりすることはしばしばですが、そのようなときに本当に助けとなるような本がなかなか見当たらないのが現状のように思います。精神分析は、無意識と呼ばれる人の心の奥底や、人と人との関係性の見えにくい面を明らかにしてくれるものであり、日々の臨床のなかで格闘する臨床家にとって大いに役に立つはずのものです。ところが、多くの精神分析に関する本は、理論的すぎて実際の臨床場面で起こることと結びつかなかったり、あるいは記述されている臨床状況が週五回の精神分析治療で大半の「現場」の臨床家の臨床の現実とかけ離れすぎているためにあまり役に立たないとみられてきたように思います。

本書は、クライン派の精神分析に基づいていますが、難しい理論から出発するというよりも、イギリスのケースワーカーの臨床現場から出発し、臨床現場で起こることと真に結びつき、それに役立つ理論を提示しようと試みています。わが国の読者の多くは、ケースワーカーと聞くと、心理療法などの心のケアと直接結びつかないと考えるかもしれませんが、本書を一読すれば明らかなように、イギリスにおけるケースワーカーの臨床は、日本の大多数の臨床心理士や精神科医の仕事と大いに重なるところがあります。そこで今回、原書から日本語訳にする際に、著者のウィッテンバーグ先生の承諾を得て、原書でケースワーカーとなっている部分の多くを、文脈に応じて、「心理援助者」と訳すことにしました。ウィッテンバーグ先生自身、これをさらに「心理療法家」と訳してもよいかもしれないと、私への手紙で書かれています（現に、ドイツ語訳ではそうなっているようです）。このように、本書は、ケースワーカーはもとより、臨床心理士や精神科医を始め、心のケアに携わる多くの専門家の臨床現場に役立つものと思われます。

ウィッテンバーグ先生は、バーミンガム大学で社会福祉を学びソーシャルワーカーとして仕事をされた後、ロンドンのタビストック・クリニックで子どもの精神分析的心理療法の訓練を受け、一九五九年に資格を取得されています。その後、タビストック・クリニックの思春期部門で心理療法士として精神分析臨床に携わるともに、クリニックの訓練・研修の中心的存在として活躍されています。成人の精神分析的心理療法の訓練も受けておられ、タビストック引退後は、成人の患者の分析治療やタビストックの訓練生の個人分析にも携わっておられます。

本書は、生硬な概念を生身の人間や人間関係に当てはめるという、一般に想像されているような精神分析のイメージと程遠いものです。本書の読者は、提示されている事例に、自分自身の臨床の一場面やクライエントの一人や、場合によっては自分自身を見出すでしょう。そして、それに伴う生々しい感情を喚起され、混乱や不安のなかにいる経験が想起されるかもしれません。しかし、本書を読んでいく中で、まるで霧の中から一筋の光が見えてくるように、方向性が見えてきたり、情緒的にどうしようもなくもつれているように見えたものの中に秩序が見えてきたりするかもしれません。私事になり恐縮ですが、私自身、イギリス滞在中に受けたウィッテンバーグ先生とのスーパービジョンでの体験はまさしくそのようなものでした。彼女のコメントはいつも、直球勝負の野球のピッチャーのように、最初からずばずばと歯に衣着せぬやりかたでやってきたものです。彼女は、私たちタビストック・クリニックの子どもの心理療法の訓練生の中では、臨床セミナーでしばしば厳しいコメントで症例提示者を文字通り泣かすことで知られていましたが、彼女のことを悪く言う訓練生は一人もいなかったと記憶しています。私は、自分自身彼女からスーパービジョンを受けてそのことは納得しました。彼女のコメントはいつも、雷鳴のように激しくこちらの感情を揺さぶりがちで、稲妻のように鋭くやってくるように感じました。しかし、スーパービジョンのセッションが終わってみると、たいていは、本書の中で、あるクライエントが述べているように、汚れた洗濯物が見違えるようにきれいになって戻ってくるような感じを持ったものでした。

本書は、初版以来三〇年以上も広く読まれ、現在でもタビストック・クリニックの精神分析的心理療法の訓練・研修の読書リストに挙げられています。また、九カ国語以上の外国語にも翻訳されており、イギリスだけではなく、世界の多くの国で読まれているようです。本書には、決して、最新の精神分析理論が詰め込まれているわけではありません。むしろ、オーソドックスと言ってよいクライン派精神分析の基礎理論が地に足のついた臨床と結びついた形で提示されています。それは、レストランで言うなら、高級料亭というよりも、街のお蕎麦屋さんといった趣きかもしれません。しかし、高級料亭の料理人が学びに来るようなお蕎麦屋さんがあるように、本書は、臨床心理士や精神科医を初め心のケアと関わる多くの臨床家が得ることが多大であるだけでなく、精神分析的心理療法家にとっても学ぶことが多いでしょう。特に、現代精神分析の中心的存在であるウィルフレッド・ビオンから個人分析を受けた著者が書いた本書は、難解なことで知られるビオンの理論や着想がまるで水や空気のように染み渡っており、ビオンの理論を日常の臨床感覚の中で把握できる稀有な本と言ってよいでしょう。このようなわけで、本書は、お蕎麦屋さんがわが国の食文化の粋であると言うのと同じように、イギリスの精神分析文化の粋と言えるかもしれません。

本書が、わが国の多くの臨床家に役立ち、精神分析が心のケアの文化の中核を支えていくのに一役買うことを願います。

二〇〇七年二月

平井　正三

謝　辞

私がこの本を書くような立場になるのに、多くの人のお世話になってきました。ここではその中の数人の名前を挙げることしかできません。

まず誰よりも両親に感謝します。両親のおかげで、私は、不思議さに感じ入る感性と、経験を理解し意味ある形で結びつけたいという願望で満たされるようになりました。

この本自体は、ジークムント・フロイトとカール・アブラハムとメラニー・クラインの業績に多くを負っています。精神分析に関する私の知識と経験とは、多くの素晴らしい教師からの恩恵によるものです。特に、ビオン（W.R. Bion）先生、デイヴィッドソン（S. Davidson）先生、メルツァー（D. Meltzer）先生の三人を挙げます。彼らの人柄と豊かな理解は、いまだに私を触発し続けています。メルツァー先生には、原稿を読んでもらい、貴重な示唆をいただきました。

執筆のさまざまな段階で、マーサ・ハリス（Martha Harris）先生には非常に役に立つ意見や励ましをいただき、深くお世話になりました。編集者の皆さんにも建設的な意見をいただき、校正してくださったことにお礼を申し上げなければなりません。

事例のほとんどは、経験の長いケースワーカーのグループに提供してもらいました。グループ全員と特にリーダーのジーン・リアド（Jean Leared）さんに対しては、ケースワークの経験と知識を共有でき、さらに建設的な批判もしてくれたことに感謝しています。事例の使用を許してくれた児童心理療法士や精神科医の皆様にも感謝を申し上げます。それにリチャーズ（E. Richards）さんには校正刷りを直すのを手伝ってくれたことに感謝します。

最後に、もし夫や子どもたちの忍耐と支えがなかったら、私はこの本を書けなかったでしょう。

序　文

ジークムント・フロイトの精神分析理論は、メラニー・クラインによってさらに発展しました。本書の目的は、心理援助者（訳注一）がクライエントを理解したり、クライエントとの関係を理解したりする上で、クラインの精神分析理論が役に立つものであることを示すことです。

この仕事に取りかかるのに、少なくとも二つの方法があります。ひとつは、はじめに理論を説明してしまってから、その理論のどこが心理援助にとって関連があるのかをみる方法です。もう一つの方法は、心理援助者とクライエントとの関係を出発点として、精神分析の分野で得られた洞察に照らしてその関係を吟味し、続いて理論を学ぶというものです。私は後者の方法をとることにしました。とはいうものの、厳密にその方針に従ったわけではありません。事例素材の中に理論が含まれていることもあれば、その逆もあります。

精神分析は未だ発展途上の科学ですし、心の複雑な働きについて現在私たちが知っていることは限られています。そして常に検証しつづけ、発展させる必要があります。精神分析が発見したことに対して、真っ向から反対する人たちや、あるいはまったく認めない人たちもいます。そのうえ精神分析の分野の中でも異なる学派がいくつかあります。現在の限られた知識の中では、本書で提示する理論は、説明しようとする現象にもっとも合致していて、臨床的に意味があるように私には思われます。結局のところ、理論は一連の現象を説明する単なる試みであって、事実に適っているように見え、実践で役に立つ限りにおいて、価値があるものなのです。私が努力したのは、理論がどのように出来上がったのかを示し、教養のある柔軟な読者に理解してもらえるように理論を紹介することだけです。ですから、精神分析の用語を知らないことを前提としています。

精神分析という言葉には二つの異なる意味があります。ひとつは、精神と感情の状態についての知識と理論の体系という意味であり、もうひとつは、ある特定の治療法という意味です。精神分析の実践から得られた洞察は、ほかの分野での仕事、とくに教育や医学、社会福祉の分野における仕事にとって非常に重要ですが、精神分析の方法の方はそうではないことは明らかです。パーソナリティを精神分析的に研究することによって初めて得られた洞察を、最も有効かつ適切に応用できるように取りはからうのが、それぞれの分野の専門家の課題です。

ひとつの学問分野をほかの学問分野に応用するには、その両方に精通していなくてはなりません。あるいは、その二つの分野の代表者が協力しあう必要があります。私はクライン派の精神分析と児童心理療法の訓練を積む以前に、社会科学とケースワークの訓練を受けたのですが、私の現場での仕事の経験くらいでは、精神分析をソーシャル・ワークに応用するのには十分ではありませんでした。私はソーシャル・ワーカーたちから学ぶ必要を感じていましたし、彼らと対話する中で、精神分析的な洞察がソーシャル・ワークにおいて有効であるかどうかを探求する必要を感じていました。さまざまな分野から経験豊かなケースワーカーが集まって小さなグループを作り、自分たちの事例や彼らの学生が担当する事例を検討する場に私を招いてくれました。そこに持ち寄られた事例や問題、そしてそれについて私が考えたことや、ともに討議しあったことが、私の精神分析の知識と合わさって、本書の基礎となっています。

実質的に、事例の素材はすべて、個人に対してのケースワークから採ってあります。ひとりの人物と、その人の他者との関係を克明に検討することで得られる知識は、グループ内のより複雑な相互作用を理解するのに役立ちます。本書では、集団や共同体の状況を理解するのに精神分析を応用することについてはほとんど論じていませんが、本書でこれから述べていく精神分析的な洞察が、この分野の仕事にも関わってくることがおわかりになるのではないかと思われます。

本書は三部に分かれています。第一部ではクライエントと心理援助者が自分たちの関係に取り組む際に感じる諸々の感情をみていきます。それと転移や、空想の重要性、愛と憎しみの生得的な葛藤といった概念についてみていきます。第二部では、さまざまな不安と、それに対する防衛を検討し、不安と防衛さらに羨望が私たちの関係にどのように影響するのかを検討していきます。また、メラニー・クラインの仕事がジークムント・フロイトとカール・アブラハムの仕事からどのように派生してきたのかを示し、現代クライン派の分析家が私たちの理解に寄与している業績のいくつかについて考えようと思います。第三部では、心理援助者がクライエントを理解するのを促し、その関係を治療的なものとする諸要因について考えます。それとともに、心理援助者が曝される情緒的な負荷やプレッシャーについても討議していきます。

本書の限界については気づいていますし、多くの重要なテーマについては扱いが不十分であったり、あるいはまったく紹介されないままでいることもわかっています。本書が文献を読み進む刺激になることを、また、心理援助者が自分の経験をここで議論されたことに照らしてじっくり考え、自身の経験に基づいて洞察を得る導きとなることを、願っています。

訳注

（一）本書は、この序文でも明確にされているように、精神分析の知見をソーシャルワーカーの仕事に応用することがその主旨である。しかし、内容的には、ソーシャルワーカーだけでなく、およそ心理学的な援助一般に通じるものと見ることができることから、原書では、social worker もしくは caseworker となっている部分のうち、心理学的な援助職一般に当てはまると思われる箇所は、「心理援助者」と訳した。また、同様に casework は、適宜、心理学的援助と訳した。

目　次

第一部　関係の諸相

第一章　心理援助者がクライエントとの関係に持ち込む感情

本書では、簡略化して「クライエント」や「心理援助者」という言葉を使うことになりますが、そのときは援助を求めている人あるいは人びとと、援助を提供する人を常に想定しています。わかりやすくするため、心理援助者のことは「彼女」、クライエントのことは「彼」と言うことにします。事例素材を挙げるときは別です。そのときは実際の人物の性別が示されるからです。

心理援助者とクライエントの初めての出会いは、双方にとって新しい経験です。思い描き方は異なりますが、お互いがどんな人物なのか知りたいと願い出会うのです。新しい経験ではあっても、彼らの関係は、各自がその場に持ち込む態度によって大きく影響されます。とりわけ初めての出会いはそうです。

心理援助者が自分自身の感情に気づいていることは非常に重要です。それによって、クライエントを個人として本当に知っていくのを妨げずにいられます。そうでないと、役に立とうと躍起になることやスーパーバイザーや上司の言うことで頭がいっぱいになってしまったり、いかにうまくいっているのかを自分に言い聞かせるのに忙しくなってしまったりするかもしれません。こういった考えは面接に影を落とし、心理援助者の知覚や反応を歪めてしまいます。このような感情が前もって検討されていて、もし面接中に沸き起こってきても差し控えることができるのならば、今ここで起こっていることをより自由に観察し、受け取ることができます。心理援助者はまた、クライエントについてある回の面接で一定の考えを抱いたとしても次の面接ではそれにとらわれないようにしなければなりません。毎回が新たな始まりなのです。知識や経験を分かち合ってはいますが、心理援助者はクライエントを新鮮な目で見るために自由である必要がありますし、クライエントのパーソナリティの別の側面が現れるのを可能にし、変化や発展を許容する必要があるのです(訳注一)。

心理援助者がもつ期待や恐れは数限りなく存在します。その期待や恐れは、直面している問題の性質にもその心理援助者のパーソナリティや経験にも左右されます。私ができるのは、これまでに出会ったよくある期待や恐れをいくつか取り上げることです。

心理援助者の希望に満ちた期待

頼りになる親になるという期待

ほとんどの心理援助者はクライエントの役に立とうとし始め、自分を良い親の役割を担っているとみなそうとし始めます。心理学的援助に従事したいという願いは、状況や関係を修復したいという強い欲望に由来しているのかもしれません。しかし、この目的を達成するためには、修復の情熱をクライエントにとって現実的で有益なものとなるように適合させなければなりません。「善行の人（do-gooder）」は今では蔑みの言葉となっています。助けを求めている人のニーズを十分考えずに割って入って、自分がいかによくやっているか見せたがる人物を彷彿とさせるからです。このように極端な形で見ると非常に滑稽に見えるかもしれませんが、特に初心者には、クライエントに対して（心の裏側では自分自身に対して）自分が役に立つと証明しなければならないという危機感があります。なにか価値のあることをしていると自分に納得させたいという欲求があると、事実を十分に把握していない時に、あるいはアドバイスを受け取ることがクライエントにとってどのような意味をもつのか判断することができない時に、アドバイスをするよう駆り立てられるかもしれません。また、自分の役割の限界をはっきりさせることなく、積極的にクライエントの人生に介入するかもしれませんし、そういうふうに介入することで、心理援助者というのは職業的な役割よりもむしろ全力で積極的に関わる親の役割を担ってくれるものだと、クライエントに誤解させてしまうかもしれないのです。心理援助者は、受け持っているケース数を心に留めながら、実際に提供できることを自分の中ではっきりさせておかなければなりません。そして、自分自身に何が期待できるのかをはっきりさせておかなければなりません。

寛容でありたいという期待

クライエントに対して頼りになる親でありたいという願いがあるために、心理援助者は自分が親切であり、穏やかで、寛容でありたいという期待を抱くかもしれません。援助を必要とする人間の守秘とケアを任される者が、こういった性質を持つのは確かに望ましいものです。けれども、いつも穏やかで親切で寛容であるのは、クライエントの攻撃的な感情や行動に対して毅然として態度を示せなかったり共謀したりするのとさして変わりのない態度と区別がつきません。クライエントの感情を認める能力とそのような感情に持ちこたえることのできることに基づいた寛容さと、クライエントの敵対的な行動と否定的な感情が恐ろしいので、寛容であると言いつくろい、それを言い訳にしていることとを区別しなければいけません。後者の場合、心理援助者は、暗黙のうちにクライエントにこう伝えているのです。これは認めがたいなあ、それなら無視して、別の呼び方をしようか、それとも、存在しないことのように装おうか、と。明らかにこれは寛容ではありませんし、クライエントは、心理援助者が敵意や抑うつや失望に持ちこたえることができないのだと理解することでしょう。心理援助者が持ちこたえることができないのなら、クライエントはどう持ちこたえたらいいのでしょうか。

例を挙げます。X夫人は精神科ソーシャルワーカーとの面接を三度キャンセルしました。キャンセルのたびに彼女は説明をしました。一度目は電車に乗り遅れたと言い、二度目は気分が悪いと言いました。そして、三度目は忘れていたと言いました。この日、彼女は約束の時間から三〇分経って電話をしてきて、どうにも間に合わない、行くつもりだったが、パン売りの車が来るのを待つことに決めたと、五分間休みなく話しました。パンの配達が遅れて、彼女はバスに乗ろうとしましたができず、電車に乗り遅れたのです。ソーシャルワーカーは、遠路はるばる来るX夫人の大変さに同情して、彼女の都合のいい時間を選んでいいので来週に来ることができるかどうか尋ねました。X夫人ははぐらかして、わかりました、行けるといいのですけれど、と言いました。ソーシャルワーカーはこの件をそのままにしておきました。X夫人は次の週も現われず、電話や手紙での連絡もありませんでした。

たしかに、ソーシャルワーカーは外的な困難を認めてX夫人に同情しましたが、クライエントの感情を取り扱っているのでしょうか。X夫人の一部分は面接に行きたくないと思っていて、行きたくないという内的な理由を表現するために外的な要因が使われている、という指摘は全くなされませんでした。葛藤状態にあって面接に来ることができないクライエントのジレンマを、ソーシャルワーカーは回避していたのではないでしょうか。外的な困難とおなじように内的な困難も認識して言葉で伝えていたならば、X夫人は、葛藤した自己を理解してくれるソーシャルワーカーの能力にいくらかの信頼を置き、ひょっとしたら来ることができるようになったかもしれません。しかし、X夫人が治療を完全にやめてしまうことを決めていたとしたら、どうでしょう。行きたくないと断ることを援助され、ソーシャルワーカーがそれに耐えられる人物なのだと経験することは、X夫人にとって安心を得ることとなったでしょう。そうでないと、X夫人は「親切な」ソーシャルワーカーを拒絶したという罪悪感とともに取り残されるので、のちに援助を求める気になった時にも、治療には戻ることができないと思うかもしれません。

心理援助者の中には、クライエントを失うことに罪悪感を非常に感じるので、どのような状況でもクライエントを手放さない人がいます。大人のクライエントは自分の治療に対する責任において、そして望めばその治療をやめる自由において、負担を共有しています。心理援助者も、援助を欲する人びとが対応するスタッフよりも多くいるということを思い起こしてもいいのではないでしょうか。（もちろん、こういった考えは、保護観察やある種の児童養護の事例のように、心理援助者に会い続ける法的な義務がある場合には適用されません。）

理解者でありたいという期待

訓練と経験を経てきているのだから、クライエント理解に役立つ人間関係に関する知識を自分が持っていると感じるのは正当なことだと、心理援助者は思うかもしれません。しかしながら、ほかの人と比べてすべてわかっているとか、優れているという感覚にたいして、心理援助者は目を光らせておく必要があります。人間に関する理論に精通するというのは、知識が生きた経験の一部となっていないのならば、人びとを理解する鍵を手にするというよりも、統合されずに無差別に適用されがちです。クライエントは、理論からできている存在ではありません。彼らは人間であり、ほかの人と似たような基本的な関係のパターンを持ってはいますが、それぞれが複雑で独自のパーソナリティを持っているのです。

無差別に知識を適用する危険性について例を挙げます。ある医療ソーシャルワーカーは、七歳の男の子の失禁の事例を扱っていました。現症歴をとると、男の子の母親が最近になってパートの仕事を始めたと知りました。すぐさまソーシャルワーカーは、母親が仕事を始めたことが男の子の失禁の理由であり、母親の不在のために、男の子が愛情を剝奪され、安全感をなくしているのだと確信しました。母親は、子どもが学校から帰るときにはいつも家にいるし、学校が休みのときには働きに出ていないと説明しようとしましたが無駄でした。母親が働いているという事実だけで愛情剝奪として解釈され、子どもの病気の理由として解釈されたのです。この解釈が、子どもの訴えのさらに深い理由を探し求めることを妨げたのです。

この例には、二つの異なる思い違いがあります。ひとつは、どのような場合でも、子どもの母親が働くことは間違っていて、害を与えることである、という思い違いです。もうひとつは、情緒的混乱の原因はいつでも親にある、という思い違いです。あらゆる関係には二人のパートナーがいて、はじめに私たちが知るのは、彼らの間の繊細な相互作用がどこかうまくいかなくなっているということだけなのです。パートナーのそれぞれと、彼らの交流のあり方をもっとよく知るまでは、何が問題だとか、なぜそうなったのかとか言うことはできません。理論は、人びとの相互作用やパーソナリティ内のさまざまな部分についての私たちの考えを整理するのに役立つよう公式化されています。しかし、その表現や布置が全く同じである人はいないのです。どの事例も、私たちに何か新しいことを発見する機会を提供してくれているのです。

心理援助者の恐れ

さて、心理援助者がクライエントに会う際に抱く恐れをいくつか見ていきましょう。不安のいくつかは、このような責任のある仕事に従事するのにつきものの不安です。それに、初心者にとっては、ただその機関に職を得ているというだけで、自分を権威と知識を持った者としてクライエントが信用するということを知って、さらに罪悪感を持ちます。クライエントの感情を理解することができるだろうか。クライエントに害を与えないだろうか。もし受容的であることができても、目の前に置かれた問題に自分が侵されてしまわないだろうか。クライエントのように抑うつや恐れに圧倒されてしまわないだろうか。面接中の沈黙にはどう対処したらよいのだろう。こういった不安は簡単には取り除かれません。そういう不安が経験されているという事実が、訓練生が自身の感情に触れていて、それを扱おうとしていることを示しているのです。スーパーヴィジョンが欠かせないのは、そういった不安を取り除くためではなく、心理援助者自身の問題が心理学的援助の過程を妨げたり、歪めたりしていないかをチェックするゆとりをもたらすためです。

ここでは、私がしばしば出会った恐れのうち三つしか取り上げるゆとりがありません。他のいくつかの恐れは、第三部で取り扱います。訓練生は時にクライエントのさまざまな感情を探索するうえで、「掘り下げていないか」、「害を与えていないか」という恐れを表します。このことと関連して、心理学的な洞察は人の心を「X線のような目で」見透かすことだという考えがあります。これらの表現はそれぞれ、攻撃的な行為であり、自分のやり方を、人にその人の希望や関心に逆らって勝手に押し付けるようなことを表しています。第一部では、そういった不安の幼少期における源を探ることはしません。それは第二部で議論するつもりです。ここでは、恐れの背後にある思いこみを問題にしていきたいと思います。

過去を探り、掘り下げているのではないかという恐れ

心理学的援助の訓練生は時々、クライエントの過去を「探ったり」、「掘り下げたり」することが好きでない、と言います。事実、彼らがそうしようと試みることは間違っているでしょう。私はそういった思いこみは思い違いによるものだと思います。クライエントがやってくるのは、**現在**困っているからなのです。したがって、過去を掘り下げる必要はありません。なぜなら過去は、現在も活動していて、クライエントに影響している限りにおいて重要だからです。ですから、その根を幼少期に辿ることができるかもしれませんが、過去は今ここにおいて辿ることが可能であるもののことなのです。おそらく、このように言う訓練生は、現在進行中のクライエントとの情緒的な関係を恐れており、それが過去を探索したいと思わせるのです。例をあげます。ある若い男性が、心理援助者の休暇のほんの少し前に、自分はさよならを言うのが嫌いで、最近ある友人に「見捨てられて」置いていかれてしまったことに腹を立てていると言いました。こういった感情は赤ん坊時代に、母親がいなくなって、母親の腕に支えられていないと感じ、空腹になったときに初めて感じたことだろう、と思い浮かべるのは正確ではありません。けれども、クライエントはそれを**今**言っているのです。というのは、心理援助者からの分離を、もっと心の栄養を与えてもらう必要がある状態なのに、支えてもらえずに問題を抱えたまま置き去りにされることとして体験しているからです。そのクライエントは、心理援助者と関わっているまさにこの時に活動しているクライエント自身の赤ちゃんの部分を持ち込んできているのです。

害を与えるのではないかという恐れ

害を与えるのではないかという恐れには、さまざまな源があるのでしょう。心理援助者は、クライエントの感情を現れるままにしておいた時に、自分が解き放っているのがどんな力なのかを恐れているのかもしれません。また、物事がコントロールできなくなってしまうのを恐れているのかもしれません。ケースワークの場合、通常は無意識の感情を深く扱わないものですが、もしこういった感情にクライエントが容易に触れることができるのならば、より害を与えそうな場所で噴出させるよりは、心理援助者のいるところで表出した方がずっと安全だと思われます。心理援助者は、自分自身の反応を恐れていないかどうか、ある情動をあまりに心をかき乱す苦痛なものと感じていないかどうか、自分に問いかけてみてはどうでしょうか。あるいはクライエントをコントロールできないでいることを恐れていないかどうか、自分に問いかけてみてはどうでしょうか。

心理援助者は何か不適切なことを言って、クライエントを傷つけるのではないかと恐れているのかもしれません。クライエントが非常に混乱しているのでないならば、間違ったことを言うと彼らの全体のバランスを揺さぶってしまうほど脆くはないでしょう。

クライエントに苦痛な感情を体験させておくことで、心理援助者は自分が苦しみを引き起こしていると感じるかもしれません。しかし実際には、クライエントはそのような感情を共有してもらえると、大きな安堵を感じます。心理援助者が情緒的な苦痛に耐えることができ、持ちこたえることができる（tolerant）のならば、クライエントは心理援助者を取り入れたり、彼女に同一化したりすることができますし、それによって自分自身や他者に対して寛容である（tolerant）ことができるのです。

X線のように見透かしているのではないかという恐れ

心理学的な洞察によって、X線写真を撮る機械のように人の心を覗くことができるのでしょうか。こういう恐れはしばしば、訓練生のパーソナリティがスーパーバイザーには見透かされているという考えと結びついています。すぐに訓練生は、実際の状況は全く違っているということに気がつくでしょう。せいぜい、私たちが理解しているのは、起こっていることのほんの断片ですし、どんなときでもクライエントとの協働に左右されます。クライエントとの作業は共同事業であって、いつでもクライエントによって妨げられたり、事実上停止させられたり、中断したりする可能性があります。そのことが、この作業の限界であり、本質でもあるのです。（本章の五ページの例を参照。）けれども、人の行動や表情、声、振る舞い、態度などは、それらに目を向け、耳を傾ける者に手がかりを提供してくれるので、当人について非常に多くを伝えてくれることは確かです。そのように知覚し、そこから推論を得るためには、必ず訓練を受けなければならないという訳ではありません。母親はしばしば自分の赤ちゃんの心の状態について鋭く直観します。それは赤ちゃんのニーズへの反応に基づいてなされています。母親が自分自身の乳児的な不安と十分に取り組んで（work through）きたことで、赤ちゃんのそういった不安を受容し、支えることができる場合に、このような心理的な親密さが生じるのです。クライエントをよりよく理解するために必要なのは、目を向け、耳を傾けることを機械に頼ることではありません。必要なのは、私たちがそれぞれ別々の人間であり（separateness）異なる存在であるという限界を乗り越える努力をする中で、他者がどのような存在なのかを繊細に覚知する能力なのです。

訳注

（一）ビオンは『注意と解釈』の中で、これと同様のことを主張し、それは「記憶なく、欲望なく、理解なく」という言葉で知られている。

第二章　クライエントが関係に持ち込む感情

希望に満ちた期待

心理援助者に出会うずっと前から、クライエントは心理援助者がどんな人であってほしいのか、自分のためにどんなことをしてくれるのだろうかと思い描いています。こういった期待の性質はクライエントの成熟度によって異なります。しかしながら、どの人の中にも満たされない望みというものがあるものです。そして、新しく何かを始めるときは、理想的な期待をかきたてられるものです。それはあたかも、私たちが「今回は違うぞ。この人は私がずっと求めていたものをすべて与えてくれる」と言うようなものです。期待が理想的であるかぎり、それが達成されることはありません。反対に、期待が妥当なものであるかぎり、それがかなうチャンスがあるのです。

苦痛を取り除いてくれるという期待

基本的に、クライエントが望む理想は、心理援助者が苦痛をすべて取り去ってくれるというものでしょう。この目標に向かって、クライエントは心理援助者がすべきことを伝えるかもしれません。例えば「家をください、そうすれば、妻は子どもの面倒をちゃんと見るでしょうし、私はもうパブには行きません。」そうするかわりに、クライエントは心理援助者をあたかも予言者のように扱うかもしれません。「どうしたらよいか教えてください！」「誰が正しいのか教えてください！」「あなたが言うことを何でもします。」「あなたには、何が一番いいのか分かっています。」個人相手のときでも、集団相手のときでも、こういった態度にたびたび出会います。心理援助者が答えを与え、決定するように仕向ける圧力は、分からないままでいること（not-knowing）(訳注一)や不確かさと結びついた情緒的な苦痛を避けることから生まれます。加えて、物事がうまくいっていないときの自己嫌悪や罪悪感と結びついた情緒的な苦痛を避けることからも生まれます。心理援助者がそういった要求に応じないと、価値あることを何もしてくれないと言われたり、敵意の対象となったりするかもしれません。

クライエントが自分の問題を取り除くもう一つの方法は、その問題に挑み、理解しようと努力することなしに、ただその問題をしゃべりまくることです。あるソーシャルワーカーは「クライエントは初回面接でしゃべりすぎました。もう来ないでしょう」と言いました。このような直観には、クライエントが心理援助者をゴミ箱として使い、自分の問題を心理援助者の中に大量に排泄したという理解、そしてクライエントは心理援助者がそれをすべて返してきたり、叱責し、恥じ入らせるのではないかと恐れることになりそうだという理解(訳注二)が暗に含まれています。

重荷を背負うことを助けてくれる人を見つけたいという期待

クライエントが、一時的に自分の不安を抱えてくれて、重荷を共有し、問題の解決に向けて援助してくれる人を探し求めている場合、それは現実的な援助関係の基礎となりえます。「労を惜しまずに私の話に耳を傾け、本当に関心を持って、気に懸けてくれたのは、あなたが初めてです」というのは、感謝の表現です。そして、その表現は、よく話を聴いてくれて不安を抱えることができる誰かを見つけたいという人間の欲求がいかに大きいことか、そしてその欲求が満たされることがいかに稀なことであるかを示しています。

愛されたいという期待

愛されることは人間にとって最も切実な願いです。その願いは、最も深いレベルでは、欠点や弱さを持ちながらも、ありのままを愛されることを意味します。そのためには、誰かが言葉の最も広い意味で理解してくれて、それでもなお拒絶しはしないということが必要です。クライエントのより成熟した部分が得ようと求めているのは、そのような理解なのです。けれども、もし真実が知られてしまったら愛されるだろうか、という疑いが常にあります。そのために、心理援助者は、お互いのよい性質を誉め合うのが基本となるような関係に誘い込まれていると感じることがあります。このような事態が起こっている場合、心理援助者はクライエントと自分自身の悪い側面に対してどのようなことが起こっているのか自問しなければなりません。もし心理援助者が、愛され賞賛されたいという自身の欲求のために、自分が理想化されるのを許容しているのならば、クライエントが現実の欲求不満や失望に直面するのを援助しているとは言えません。反対に、クライエントはなおさら他の誰か、たとえば自分のパートナーに怒りを集中させることになるでしょう。

クライエントが持ち込む恐れ

責められるのではないかという恐れ

クライエントが援助を求めてやって来るとき、自分自身や、家族あるいは外の世界に対処することがうまくいっていないため、批判されるのではないかという考えがすぐに浮かびます。クライエントは「すべて自分のせいだ」（そうでないことが多いのですが）という自責の念でいっぱいかもしれませんし、あるいはけんか腰の態度をとるかもしれません。「私のことを調べたって意味はありませんよ。ジャネットの行動の理由を説明するようなことは私の家族には見当たらないでしょう」と、開口一番、ある母親は精神科ソーシャルワーカーに言いました。このように述べる裏には、面接の目的は、責任を押しつけ、しまいには道徳的に告発することだというクライエントの憶測が隠れています。罪悪感は、重要な情報を言わないでおくことや、他の誰かを責めることへとつながるかもしれません。たとえば、「きっと学校が悪いのだと思います」とか「すべてはあの男の子とつきあうようになってから始まりました」とかです。クライエントというのは、あえて理解しようとしない事柄や、理解できない事柄を説明するのに、単純な外的理由を探し出す傾向があります。しかしながら、そこにも肯定的な面があります。つまり、もし本当の理由が見つかるのならば、なんらかの解決法が見つかるだろうと信じる気持ちがあることです。

罰せられるのではないかという恐れ

罪の意識や道徳的な見方は、罰せられる恐怖へとつながります。児童養護職員（child care officer）が出会う子どもたちの中には、両親の結婚の破綻に対して罪悪感と責任を感じているため、里親のことを、自分が罰を受けるために送られた、危害を加える人たちだと予想する子どももいます。権威の代表者として、保護観察官には特有の問題があります。保護観察を受ける者がこれまでに懲罰的なやり方で扱われてきたとしたら、保護観察官のなかの懲罰的な態度の気配にはいっそう敏感になるでしょう。保護観察官が怒って懲罰的になるようにわざと挑発する様子で振る舞うかもしれません。そしてその後に保護観察官のことを自分と同じくらい理性がなく、自制がきかないのだと信じてもおかしくないと感じるかもしれません。

見捨てられるのではないかという恐れ

自分自身のことを話せるくらいに心理援助者を信用できるようになると、クライエントはとても無防備に感じることがあります。希望が頭をもたげてきますが、困っている問題が解決する前に心理援助者に見捨てられてしまうのではないかと恐れもします。心理援助者にとっては、クライエントとどの程度関わるのが十分なのかを初めから評価することは難しいかもしれません。クライエントを理解するというまさにその行為によって、心理援助者は、信頼と依存の気持ちに対する責任を引き受ける人物として、自らを差し出しているのです。クライエントが持ち込み、援助を必要としているのは、主としてパーソナリティの大人の部分ではなく、乳児の部分であることを忘れてはいけません。過去の両親に対するのと同じように、クライエントは心理援助者の行為をあたかもすべて自分に言及していると解釈しがちです。例えば、心理援助者が自分を他の人に引き継いだ場合には、それは自分の問題があまりに深刻なので心理援助者が扱うことができないからなのではないかと感じたりします。あるいは、心理援助者が休みに入るときには、気にかけてくれてないのではないかと感じたりします。また、心理援助者が仕事を辞めた場合には、自分が心理援助者の働く力を蝕んだのではないかと感じたりすることもあります。これらは、クライエントに押し寄せる多くの不安のほんの数例です。

訳注

（一）ビオンは、『注意と解釈』（一九七〇）の中で、この臨床上重要な、分からないままでいる能力のことを、負の能力（negative capability）と呼んでいる。

（二）ここで述べられているのは、排泄としての投影同一化の過程とそれを通じて対象が迫害的になるという過程としてクライン派が理解しているものである。

第三章　転移と逆転移

転移とその心理学的援助への影響

心理援助者とクライエントは、出会う前ですら、相手について期待をもつということをここまで見てきました。そのような考えは過去の関係のパターンに基礎をおくものであり、したがって、私たちはそのような関係のパターンが現在に**転移**されるといいます。

そういった諸感情の**転移**は新しい関係に重大な影響を及ぼします。R・ゴスリング（Gosling, 1968）が指摘したように、転移は、私たちが、(a)新しい状況を知覚するやり方、(b)新しい状況を解釈する仕方、そして(c)関係を形作るやり方、に影響を与えます。というのは、憶測という形で、私たちの行動は自分の期待に合致するような相手の反応を引き出す傾向があるからです。(a)については、子どもの問題に強く責任を感じているために、心理援助者のことを非常に批判的で、自分を責める人物であろうと感じた女性の例が挙げられます。(b)については、心理援助者の不在を自分が過度に要求したせいだと解釈するクライエントの例が挙げられます。(c)については、刑罰を予期して、保護観察官に挑発的に振る舞う若い犯罪者の例で、その振る舞いに対して最終的に保護観察官が実際に攻撃的で懲罰的に応えてしまうという例が挙げられます。

したがって、心理援助者にとって非常に重要なことは、転移された感情の性質に気づいていることです。そのような感情が過去から**転移されている**と知ることは、その状況をより客観的に眺めるのに役立ちます。クライエントが心理援助者に対して経験する愛や憎しみや依存といった深い感情は、心理援助者の人格的な価値とは関係ないかもしれません。それよりも、クライエントが、そのような感情が賦活される関係性の中にいるように感じていることによるのかもしれません。さらに、そういったことに心理援助者が気づいていると、クライエントと共謀してしまったり、クライエントに操作されてしまって、悪者や、あるいは理想的な人物だろうというクライエントの予期する非現実的な人物に自分がなってしまわないようにするのに役立ちます。このように心理援助者が振る舞うことで、クライエントは、感情を行動化するように促される代わりに、自分の感情に気づき、その感情を状況の現実に照らし合わせ、欲求不満に対処せざるを得ないようになるのです。

転移の概念

転移という現象の発見は、フロイト（Freud, 1895）によります。フロイトが、ヒステリーの女性患者たちが主治医を愛するようになる傾向があることを発見したとき、初めはそれが分析作業の害や妨げになると考えました。しかし、フロイトの卓越したところは、そこで起こっていることは、たとえば女の子が父親に向ける感情のように、以前に誰かに向けた感情を患者が再体験しているのだ、と最終的に結論するに至ったところです。そのような感情は葛藤を引き起こし、抑制され、ヒステリーの症状にその出口を見出します。精神分析の設定において、そうした感情が再び浮かび上がってくるのです。のちにフロイトは、憎しみや嫉妬やライバル心などを含むあらゆる種類の早期の葛藤が分析者との関係に入り込んでくることを発見しました。「過去の一連の心的体験の全体が、過ぎ去ったものとしてではなく、医師という人物との現下の関係において再生されるのである」（1905, p. 16〔二〇〇六、金関訳〕）。そうした反復によって、早期の葛藤が理解され、変化することが可能になります。また、それによってフロイトは、かなりの程度まで患者の過去を再構成することができるようになったのです。多くの成人の分析に基づいて、フロイトは子どもの性的発達についての仮説にたどり着くことができました。それ以来、子どもの直接観察によって、この仮説が正確であると証明されてきています。

メラニー・クラインの仕事を通じて、転移の概念は二つの方向に拡張されました。クラインはまず初めに、関係性の中に入り込んでくるのは抑圧された葛藤だけでなく早期の情動全般も含むとして転移の概念を拡大しました。次に、転移されるのは、生涯存在し続ける、乳児の感情状態とより大人の要素の両方であるとして転移の概念を深めました。クラインはこれを児童分析によって示したのです。

この後の章で私が転移と言うときは、クライン派の意味で用います。成人の中にある「子どもと赤ちゃんの感情」の性質については、のちに検討する必要があります。また、それらの感情のルーツを乳児期に辿る必要もあるでしょう。

逆転移

クライエントと同様に心理援助者も、過去から転移した期待や恐れや問題をその場に持ち込みます。たとえば、心理援助者は目の前にいるクライエントに自分の母親のいくつかの側面をみてとり、その結果、自分はまだ幼い女の子であって、この成人クライエントの援助なんてできないと感じるかもしれません。あるいは、夫婦と対面して、両親に対する嫉妬心という自分の問題が影響し、片方をもう一方に対抗するようにして支持してしまいがちになるかもしれません。また、クライエントを理解し、思い遣るという願いに動機づけられているというよりも、ほかの人びとの私生活に侵入したいという欲求に駆り立てられて過度に詮索的になるかもしれません。そのような欲求は、自分が閉め出されていた両親の秘密に足を踏み入れたいというかつての子ども時代の思いと同じものかもしれません。あるいは、自分のそうしたい気持ちを非常に恐れているために、自然な好奇心が抑制されるかもしれません。

心理援助者が親よりも子どもの方に味方することは、よくみられる傾向です。というのも、人生の中でうまくいかないことを親のせいにしたいという願望があるからです。もちろん、子どもが実際に拒絶されているようにみえたり、母親が子どもへの憎しみをあらわにしたりする場合には、特にそうなります。批判的でない態度で会うということを、心理援助者が理論的には了解しているにもかかわらず、そうなってしまうのです！「どうしてこの女性はこの子に対してこんなふうに感じるのだろう」などと問い直すことができるように、十分に自分自身を突き放して眺め、その母親の困難を認める必要があります。問い直してみると、その母親の敵意や殺意を含んだ感情は、結局のところ、私たちの本性とそれほど違ったものというわけではないことがわかるかもしれません。なぜなら私たちは、兄弟に対してや自分自身の受け入れがたい子どもの部分に対して、似たような秘められた感情を隠し持っているからです。ある特定の問題が、心理援助者自身の問題と密接に呼応していることがあります。そのような場合、心理援助者はその問題が見えなかったり、あるいはその問題に巻き込まれたりします。

「逆転移」という言葉は、心理援助者が自分自身の過去から持ち込み、クライエントやクライエントの問題に対して不適切に当てはめる感情を表すために作り出されたものです。クライエント全般や特定のクライエント、特定の問題が、心理援助者の中で、心理援助者自身の未解決の問題を誘発する傾向がないかどうかを検討するのに、スーパービジョンと自己検討は重要です。そういった問題が心理援助者自身の問題を誘発している限り、心理援助者の認識は歪められ、クライエントとの関係を妨げるでしょう。

近年、逆転移という言葉は、ほかの意味でも使われるようになってきました。すなわち、**クライエントの**転移された感情を受け取った結果として心理援助者の中に生じてくる反応を表すようにもなってきたのです。クライエントの情緒を正確に映し出している限りにおいて、これらの情緒は理解を大いに助けてくれる案内役となります。しばしば、それらは表現されないでいる感情への手がかりを与えてくれます。たとえば、あるクライエントは、自分には助けなどいらないと繰り返し言っているにもかかわらず、あたかも彼の中の子どもが母親の世話を求めて泣き叫ぶかのように私たちの中に大きな関心を引き起こしたりします。あるいは、クライエントが帰った後に心理援助者が絶望的な気持ちになることが唯一の手がかりとなって、そのクライエントの怒りの爆発の背後には絶望した惨めな部分があることが分かるのです。休暇の後、ある女の子は何週間も本のうしろに座っていて、みるからに私と治療とを完全に拒否していました。これが、休暇中に私が彼女にしたことを彼女がどう感じていたかを私に伝える方法だったのです。そして、私と会うことができないということがどれほど辛かったのかを伝える方法だったのです。

そこで、次のように自問するのがふさわしいでしょう。この人は私をどんな気持ちにさせているのだろう。この気持ちが、クライエントについて、その関係の性質について、そして彼が他の人に与えている影響について、何を私に伝えてくれているのだろう。それに加えて、これは妥当性のある直観なのだろうかとか、本当にクライエントが伝えていることへの反応なのだろうかと疑ってみる必要があります。あるいは、**私たち**がその状況に持ち込んでいることについて反応しているのではないかと疑ってみる必要があります。そのように疑ってみることは、自分自身について、クライエントについて、そして「今、ここ」での関係の性質について、よりよく理解することにつながるでしょう。

第四章　空　想

本章では、あらゆる新しい状況に私たちが注ぎ込む考えや感情について、別の視点から眺めてみます。それは、新しい状況、自分自身、他者について、そして関係の性質や他者同士の関係について、私たちは**空想**（phantasies）を持つということです。その空想の一部は過去から転移されますが、内外の刺激に反応して、現在において修正され、発展し続けています。

空想と心理援助者

心理援助者が自分自身やクライエントに対して抱く感情については、すでに見てきました（第一章）。ここでは、心理援助者が自分自身やその仕事、同僚に対して持つ感じ方の変化について目を向けてみましょう。ある週には、心理援助者は自分が際立った能力を持っていて、すばらしい成功を収めていると感じるかもしれません。けれども同僚がそのとおりだとは認めていないと感じるかもしれません。自分自身についてのそういった空想は、じっとしているときの様子や、自信に満ちた歩き方、それに振る舞いや表現全体に影響するでしょう。別の時には、同じ心理援助者が自分は出来損ないで、誰の役にも立っていないし、他の人が寄せる信頼に値しないと感じるかもしれません。また別の時には、自分自身にも、置かれている状況にも、ほどよい満足感を得ているかもしれません。こういった見方は、互いに矛盾していますが、すべてその心理援助者が自分に対して抱く複雑な全体像の一部なのです。揺れの頻度や程度は人によって異なりますが、私たちの多くはこのような気分の波に左右されます。自分自身についての体験の変動は、外の環境に変化がなくても現れるようにみえます。

完全に空想に支配されてしまうと、明らかにそれと反するようなことがあっても、感情状態がほとんど影響を受けなくなりがちです。ほとんどの時間を空想によって支配されてしまって、現実との接触をすっかり失ってしまっている人を、私たちは精神病的であると言います。普通の人の場合、外界にも自分の空想の素材となるような証拠を見つけ出します。たとえば、あらかじめ抱いている考えに合致するような諸要素を環境から選び出したりします。自分が正当に評価されていないという気持ちになっているソーシャルワーカーがいるとしましょう。そのソーシャルワーカーは、職場に着いて、自分を貶めるような言葉を耳にするとします。あるいは、他の人が自分より高い役職に選ばれたことを知るとします。そういった出来事は、時に些細なものであっても、自分が正当に扱われていないという空想を確証し強めるのに使われます。その空想に合わないような他の証拠を見落としているかもしれません。他方、その心理援助者が自己批判的な心の状態にあったとしたら、同じ状況でも強い罪悪感を抱くかもしれませんし、自分自身に対する疑いを固めるかもしれません。そして自分は出来損ないだと確信するかもしれません。あるいは、その心理援助者がおおむね人に好かれていると感じ、自分に信頼をおいていたとしたら、おそらくほんの一瞬は罪悪感を持つかもしれませんが、批判のどこが妥当なところなのかをじっくり考えることができるでしょう。あるいは、少しの後悔と自分より運のよい同僚に対して羨望の痛みを感じるくらいで、自分が昇進しなかったことについて見つめることができるでしょう。

空想と現実

上述した態度が、別々の三人の人に特徴的なものであると仮定してみましょう。自信過剰で、同僚からはいつも過小評価されていると感じているソーシャルワーカーは、けんか腰の独りよがりで威圧的な振る舞いによって、他の人を困らせがちです。そして、他の人びとは実際にそのソーシャルワーカーを図に乗らせないようにしておきたいと思うかもしれません。もう一方で、劣等感を持っているソーシャルワーカーは自分の正当性を主張することができず、ある意味そうするとしても、うまくいかなさそうな時にするのです。同じように、赤ちゃんにあげる母乳の質に自信のない母親は、赤ちゃんをあやすのがぎこちなくなり、不器用に乳首を差し出すので、赤ちゃんがそれを拒否してしまうのです。

このように、空想に沿った行動は周りの人びとに影響を及ぼします。そのようにして空想を雛型にして周囲の環境を形作るのに私たちは手を貸しているのです。このことは、人びとがしばしば非常に似通った状況に終始するという事実の説明にもなります。たとえば、成就しない恋愛を次から次へとするけれども、どれも同じようなパターンであることがあるでしょう。それは、無意識の空想の期待に当てはまるようなパートナーを選ぶからなのです。

しかしながら、逆もまた真です。環境が、それが敵意に満ちていようと友好的であろうと、私たちの中に関連した空想を引き起こすのです。たとえ認識が正確であっても（つまり、実際に不公平な扱いを受けていたり、憎まれていたり、あるいは愛され、正当に評価されていても）、空想は体験にハロー効果をもたらし、一定の方向に誇張されていく傾向があるのです。とはいうものの、多くの人はたいてい、状況が自分の期待とはだいぶ異なる場合、それに応じた反応をすることができます。たとえば、ある親は、心理援助者に非難されるのではないかと恐れていましたが、その心理援助者が共感的で人を道徳的に決めつけたりしない人であると感じるようになると、責められることを予感し続けるよりも、自分の罪悪感、すなわちそのような空想の原因に目を向け始めることができるようになりました。こういった理由で、私たちはクライエントから投げかけられた空想の求める役割にはまってしまわないように努めつつも、その空想が前景に現れることを許容することが大切なのです。そのようなときにのみ、空想を内的現実と外的現実とに照らして検討することができるのです。罰を恐れる子どもがいつも叩かれているとします。そうすると、その子どもは親が自分の想像するとおり悪い人**である**と感じます。けれども、もし寛容でありつつも毅然とした扱いを受けた場合、その子どもは自分の恐ろしい空想よりも良いものに接しているのです。このように、環境は恐れを強化もすれば和らげもしますし、希望を強めもすれば弱めもするのです。環境の要因は、その個人の空想と作用し合っているとみなされる場合に、ことさら重要となってくるのです。

ときおり、「それは単なる空想ですよ」とか「ただの想像です、そこに本当のことはありません」という言葉を耳にします。これまで見てきたように、空想は私たちの精神生活の重要な部分を占めているのですが、空想に対するそのような見方から、クライエントが言っていることが事実に適っているのかどうかを常に検討しておくことが極めて重要なことであると考えさせられます。もちろん、診断的な観点から言うと、このことは非常に重要でしょう。たとえば、私たちはクライエントの生命が親族たちによって脅かされているというのが本当かどうか、あるいは、クライエントの言っていることは空想でないかどうかを知りたいと思うでしょう。実際、適切な行動をとるにはこのようなことを知る必要もあります。けれども、たとえ親族たちがクライエントの生命を脅かしていないとしても、重要なのはクライエントがそう感じているということであり、その空想がクライエントにとって恐ろしい**内的現実**を表現しているかもしれないということなのです。クライエントを**理解する**という観点から言うと、私たちにとって重要なのは**クライエントの**現実の感じ取り方なのです。

おそらく、私たちは意識や現実に固執したがるのでしょう。というのは、空想と聞くと、狂気や「空想の世界」の住人、そして自分の恐ろしい空想の世界を思い浮かべがちだからです。事実、空想が防衛的機能を果たし、現実からの逃避という役割を果たしたり、あるいは現実を大きく歪めることに使われることもあります。けれども、精神分析で用いられる場合、空想はさらに広い意味を持ちます。それは、ある経験によって誘発される心象や諸感情を叙述する方法なのです。私たちは経験を事実に基づいて叙述し、推敲しますが、現実のある側面を際立たせるのに自分の空想を用いているのです。

数年前にウォルト・ディズニーは『ファンタジア』という映画を制作しました。それは、いくつかの名曲を聴いて、アーティストの中に触発された視覚イメージと考えのようなものを表現したものでした。空想もそれと同じようなものと考えてもよいのではないでしょうか。つまり、思いつき、イメージ、考えによって、内外からの刺激に反応していると考えるのです。実際のところ私たちは、自分の空想との接触のない人のことを、精彩を欠いた、退屈な、平凡すぎる人物であると感じます。一方で、芸術家や遊んでいる子どもによって表現される空想の豊かさはたいてい賞賛します。もちろん科学者でも、単なる機械的探求や観察を超えようとするのならば、仮説を組み立て、原因と連関を発見し、未知のことにさらに突き進んでいこうとするには想像力を飛躍させることができなければなりません。

このように、空想はあらゆる個人の精神生活の一部なのです。病気とそれほど混乱していない状態とを区別するのは、空想の**性質**であり、外的現実との調和の度合いです。

無意識的空想という概念

自分と他者についての想像、白昼夢、空想。これらはすべて流動している空想生活の流れのほんの表層を形作っているにすぎません。空想生活の大部分を私たちは知らないままでいるのです。

ブロイアーとフロイトがヒステリーの問題に取り組んでいたとき、催眠状態の患者が、目覚めているときには思い出さないような空想を話すことに気づきました（Breuer & Freud, 1893-1895）。意識から排除されている空想は個人に強力な影響を及ぼします。空想は気分や行動に影響しますし、体の機能にも変化を起こすのです（たとえば、震えや動悸、部分的麻痺）。この発見によって、フロイトは彼のもっとも基本的な結論のいくつかに最終的にたどり着きました。第一に、通常では意識しないような考えの世界が存在していることです。さらに言えば、その**心の無意識の領域**が私たちに大きな影響を及ぼしているということです。第二に、こういった考えの多くが意識に入り込んでこないようにパーソナリティの一部が**抵抗**を引き起こし、そうすることで考えが無意識にとどまる傾向があるということです。そういった考えは入場を許されないのです。なぜなら、パーソナリティの意識的な領域では、それらは悪く、禁じられたものであり、私たちの現実認知からくる要請とは相容れないものと感じられるからです。のちにフロイトは、こういった考えは夢の中で湧き上がってくるものであり、患者が心に浮かんでくることを何の検閲も加えずに言葉にすることで到達することができるということを見出しました。

無意識の考えのもう一つの特徴は、後になってから明らかになるということです。初めに、フロイトはヒステリーの患者たちが実際に性的に暴行されたり誘惑されたりしたのだと考えました。しかし、次第にフロイトは、患者たちが報告する出来事の説明は、患者が起こったと**感じた**、あるいは起こってほしいと**感じた**ことを描写している、と理解するようになりました。つまり、その説明を患者の無意識的空想によって作り上げられたものとしてみるようになったのです。子どもの分析を引き受けたとき、メラニー・クラインは、子どもの遊びは家族や自分自身の行動を正確に映し出しているのではなく、むしろ子どもが他の人びとや現実の生活状況を材料にして作り上げたものを表現していると気づきました（たとえば、「子どもの分析の心理学的基礎」一九二六）。子どもの知覚は空想によって彩られます。そして空想の方は、その子どもが基調として持つ他者に対する情緒的態度や感情によって彩られます。たとえば、両親が「いっしょに」いることに対して嫉妬に駆り立てられている子どもは、空想の中で（意識的にも無意識的にも）両親を攻撃し汚しているのかもしれません。それによって、セックスは汚くて、気分の悪い、恐ろしいものであるという考えに導かれるかもしれません。知的には別の側面があることを知っているにもかかわらず、そういった考えは、子ども時代だけでなく大人になっても、セックスや体に対する態度に存在し続け、影響するのです。

幼い子どもを分析することで、クラインは空想生活の内容に深く入り込むことができました。分析治療という安全な状況において、空想の中で他者との関わり合いをどのように感じているのかを、子どもは遊びや行為の形で表現することができるのです。クラインが見出したのは次のことです。(a)どの活動、感覚、衝動も空想の中に表象される。

(b)これらの空想は具体的に起こったこととして経験される。(c)子どもの心の中の空想の多くは、大人になっても存続するのだが、きわめて原始的であり、パーソナリティのより成長した部分とは全く相容れない。これらの発見に基づいて、クラインは、**空想は本能の心的表現であり**、誕生から作動し続けるものである、と仮定しました。つまり、乳児は人生の初めから、身体的欲求や情緒的欲求から生じる空想に基づいた原始的な関係を母親との間に持つ、と仮定したのです。

体と心のつながり

これまでみてきたように、フロイトとブロイアーによってなされた驚くべき発見の一つは、空想が重篤な身体症状を引き起こし得るということです。この発見によって、器質性の変化が起こっていなくても、体の痛みや強い不快感を被ることがあり得るということを理解する道が開かれたのです。体の痛みや不快感といった感覚は本物であったので、それを単に「仮病」「怠け」とか「ふりをしているだけ」と言って取り合わなかったり、ただ想像しているだけだと言ったりすることは、実際の状況には見合っていませんでした。その人は自分の体を、力強い無意識の深いところの空想を表現する媒体として、実際に使っていたのです。

ときに、背後にある不安には全く気がつかず、ただ体に起こっている現象だけを経験していることがあります。とはいうものの、無意識の空想は、「仕事嫌い」の人や学校恐怖の子どもに嘔吐や胃痛のような短期間の影響をもたらすこともあるでしょう。長期にわたる機能的な変化は、消化性潰瘍や高血圧の事例にときにみられる器官の損傷を引き起こすかもしれません。（もちろん、それが逆の方向に働くこともあります。つまり、体の病気や痛みが非常に恐ろしいため、抑うつ的な空想を喚起することもあり得ます。）もう一方で、不眠症と不安の間にはつながりがあり、情緒的な動揺が母乳の出なくなる原因となりうるということは、多くの人に知られています。けれども、情緒的な混乱の背後にある空想の詳細は、私たちが知覚できる範囲にない傾向があります。ある時には、自分の恐れが不適切なものだと感じるかもしれません。たとえば、エレベーターに乗るのは別に危険なことではないと自分自身に言い聞かせますが、ドアが閉まると汗が出て恐怖を感じるのを抑えることができない、というように。同様に、電車で旅行したり人前で話したりするときや、他のさまざまな状況において、「訳もなく」パニックに陥ったり、身体的な副作用に悩まされたりすることがあります。しかし、分析が示してきたように、私たちの恐れは、そういった出来事にまつわる無意識の原始的な空想という観点からみると筋が通っているのです。また、そのような空想がある関係の中で体験され、意識に上ってきて理解されると、体の症状は消えて不安が和らぐことがある、ということも分析によって示されてきました。

摂取、投影、内的世界

注意を向けなければならない身体と心のつながりのもうひとつの側面があります。私たちは心の働きを物理的な過程と関連させて話します。たとえば、知識や良い経験を「**取り入れる**」と言いますし、「**まずい**」考えとか、事実を「**消化する**」、困難を「**吐き出す**」、頭からやっかいな考えを「**押し**」出すというようにあたかもそれらが物理的な存在であるかのように話します。そこには、彩り豊かに話すという以上のことがあります。私たちは、心の情緒的な出来事は、体内化されたり排出されたりするという空想を表現しているのです。それはまた、私たちが「包容する(contain)」ものについての空想へとつながっていきます。高揚した人は知識や良い経験や愛で満たされていると感じることでしょうし、ふさぎこんだ人は空しく、くだらないことで満たされていると感じることでしょう。私たちは「内なる声」が何かするように、あるいはしないように命じてくるのを感じます。

フロイト(Freud, 1923)は、子どもが良心や道徳的な基準(超自我)を獲得するようになるのは、両親からの明白な要求と暗黙の要求とを吸収すること、つまり心理的に摂取することによるのだと考えました。フロイトは、超自我の形成は子どもが四、五歳になった頃起こり、同性の親に対する恐れと賞賛の結果として生じると感じました。つまり、男の子なら父親の理想や道徳的な制約と同一化することによって、父親への競争心に対処すると考えたのです。フロイトは、そういった同一化は、両親、教師、宗教指導者、政治思想家といった環境の中の重要な人物たちの指針や規則や考えの摂取に基づいてなされるとし、そうすることで彼らと同じように行動し、同じような考え方を抱くことを示しました。重要な人物たちの考えが、取り入れによって内在化され、その人の心的構造の一部となるというのです。

カール・アブラハム（Abraham, 1924）は、諸感情の摂取（introjection）／体内化（incorporation）の心的過程と、その反対の投影（projection）／排出（expulsion）の心的過程を非常に重要なものとして考えました。人は他者との間でこのようなやりとりを絶え間なく行っているのだ、とアブラハムは考えたのです。体内化はすべての学習の基礎です。したがって、たとえばクライエントが寛容で理解のある心理援助者を摂取することがあり得るのです。そして、そのような母性的な側面に同一化して、そのクライエントは、自分の子どもや、自分自身の子どもの部分に対して寛容で理解ある態度で関わるようになるということが起こり得ます。

その反対の過程も生じます。つまり、私たちはやっかいな感情、憎しみ、破壊性をさまざまな形で排出し、投影します。しかしながら、スーザン・アイザックス（Isaacs, 1952）が言うように、「心的メカニズムとは、個人が具体的な空想として経験していることを抽象したものにすぎない」のです。破壊的な感情は、他の人の中にあるように感じられます。はじめのうちは、母親、父親、同胞に、後の人生になるとあらゆる人びと、あるいは特定の政治的、社会的、人種的な集団に対して、破壊的感情が付与されるのです。攻撃的な部分は、常にそれ自体を投げ入れる対象を求めているといえます。ぴったりの対象、つまりあらかじめ抱いていたパターンに見合った相手が見つかることもあれば、無差別に投影されることもあります。

アブラハムは、これらの過程は乳児期に起源をもつものであり、赤ちゃんが食べ物を取り入れ、自分の中にそれを保持しそれが自分の中にあると感じる時の感覚や、自分が望まないものを吐き出し、排出する時の感覚と関連があるという仮説を立てました。アブラハムは、空想は乳児のあらゆる身体的活動に伴うと考え、赤ちゃんは体内化と排出という消化過程の観点から母親と関わっていると考えたのです。彼は、この摂取・投影・再摂取という交換過程中に、性格形成の基盤があると見たのです。なぜなら、赤ちゃんが取り入れ、摂取するものはパーソナリティの一部となるからです。（これまでみてきたこの過程は、一生涯続くのです。）このように、アブラハムは早期乳児期の関係性の重要性に注目して、心的出来事と身体的出来事を結びつけたのです。ここまでみてきたように、空想の中では、この原始的な結びつきは存在し続けます。そのため私たちは、大人であっても、心的な出来事を具体的な身体的事象の観点から考えますし、その反対に身体的事象に情緒的な意味を付与するのです。

クラインは、早期の乳児期の関係の性質に関するアブラハムの仮説に実質を与えることができました。そして彼女の仕事によって、幼い子どもの空想生活の内容について豊富な情報がもたらされました。これにより、心の乳児的要素についての理解が豊かなものとなりました。そして、重い障害を負った患者や精神病患者の治療を試みることが可能となったのです。なぜなら、クラインの見解によれば、生後数カ月のうちに、健全なあるいは不健全な心的構造のための基礎が築かれ、それが後の発達や関係の性質に深く影響を与えるからです。

愛や憎しみといった感情は（外的環境にも影響はされますが）、希望に満ちたあるいは恐ろしい空想へとつながります。そして、これらの空想は知覚に影響します。そのため、私たちはより希望に満ちた現実や、恐ろしい空想に影響された現実を再び取り入れる傾向があります。このようにして悪循環ができあがり、その後の外的世界での関係に深刻な影響を及ぼします。さらに、恐ろしい空想から生じる不安は、クラインが「内的世界」と呼んだものの中に存在し続けます。そうすると、子どもは迫り来る恐怖に対処するために、さらに防衛的な手段をとるように駆り立てられます。しかしながら、このような空想に対抗するような良い経験は、その状況を緩和し、より良い循環を開始する手助けをしてくれます。このような状況を通じて、外的現実と歩調を合わせながら空想はある程度徐々に修正されていくのです。

しかしながら、原始的な空想は心の奥深くに存在し続け、後々になっても、ストレスがかかると噴出する可能性があります。私たちは皆、内的な空想の世界をもっています。それは、内的現実や外的現実の諸側面を創造的に結びつけようとする試みである場合もあれば、それらを否認し切り離しておこうとする試みであったりもするでしょう。同様に、白昼夢や夜見る夢は昼間に起こったことに再び取り組もうとする建設的な努力であるのかもしれませんし、心地よいことをしっかりとつなぎ止める方法かもしれません。あるいは苦痛な外的現実やそれによって起こる苦痛な内的緊張を取り払おうと試みる願望充足の働きなのかもしれません。同じように、芸術家の中にも物事のただきれいな側面だけを描く者もいれば、醜い側面だけを描く者もいますが、本当に創造的な天才は「美女と野獣」という永遠の苦闘に現れる悲劇をみせてくれるのです。(Segal, 1956, A. Stokes & D. Meltzer, 1963を参照のこと)

第五章　愛、憎しみ、葛藤

心理援助者とクライエントが関係に持ち込んでくる感情のいくつかを熟考してみると、希望と恐れという二つの見出しのもとに分類することができました。希望というのは、建設的で充実した関係への期待と関係していました。一方、恐れは、破壊的で報復的な交流を中心としています。これら二種類の感情のうち、時によって一方を意識したり、関わる人によっては別の方を意識したりと、あたかもそれらは全く離れて存在しているようですが、両方とも私たちの中に存在しています。これら二種類の感情が一緒になるとき、その態度をアンビヴァレントな態度と呼びます。これまで述べてきたように、期待の大部分は過去の経験から転移されてきます。しかし、みてきたように、過去の知覚も現在の知覚も同じように空想の影響を受けます。そして、空想は無意識的な動機、つまり情緒的な衝動や欲動によって非常に影響を受けます。これら生得的な情緒的衝動の性質はどのようなものでしょうか。

生得的な欲動の二極性

生涯の著作を通して、フロイトは生得的な欲動の性質を定義するという問題に取り組みました。この点に関するフロイトの理論構築は、他の理論構築と同じように臨床の仕事から導き出されました。フロイトの注意を惹きつけたのは、人をあちらこちらへと翻弄するかにみえる、心の中に働く力と力との絶え間ない争いでした。その様子は、強迫的な患者がおよそ何かを決心できないことに明白に見てとることができます。葛藤というものは普遍的なのです。フロイトは、葛藤が無意識の中に存在することに気づきました。フロイトの考えでは、それが不安と神経症の原因なのです。それはまるでパーソナリティの一部分が絶えず別の部分に対抗しているようなものです。この発見によってフロイトは、人間の本性には先天的に二元性があるという仮定に導かれました。

これら対立する生得的な力に関して、フロイトの考えがどのように発展していったのかを追っていくことはしません。フロイトはいったん確立された考えを何度も捨て去ったのだ、と言うことで十分だと思います。臨床経験が仮説を裏付けない時にはいつでも、即座に仮説を変更したのです。反復強迫の観察、つまり快い経験と同じように苦痛な経験を何度も繰り返す傾向の観察。サディズムとマゾヒズムの研究、つまり苦痛を与える快感と苦痛を受けることから得る快感の研究。人生の終わりに向けて、これらの研究は、人間の本性にはいわばその人自身の関心や利益に抗うようにして働く何か(訳注一)があるという仮説にフロイトを導きました。「快感原則の彼岸」(Freud, 1920)では、大胆で新しい仮説を提示しました。それは、生得的な欲動の二元性について、以前に述べたよりも二つの欲動の間に大きな隔たりがあることを提起したものでした。フロイトは、広い意味での性の欲動すなわちエロス、あるいは生の欲動といったものと、タナトス、すなわち攻撃的欲動、死の欲動といったものを識別しました。生の欲動は結合、建設性、創造性、そして統合をめざすものであり、死の欲動は破壊、解体、究極的にはその有機体自身の破壊をめざすものです。攻撃的な欲動は初めから個人に内在していますが、有機体は内的な破壊性に対して、直ちにそれを外に向けることで自分自身を防衛するのだとフロイトは想定しました。この様子は、サディズム、拒絶症(negativism)、攻撃性という形の中にのみ認められました。この攻撃的な欲動の一部は、生きる力すなわちパーソナリティの愛情に満ちた要素と融合し、それによって緩和されると考えられました。攻撃的な力は、成長や前進にとって必要な要素だということが、ここで示されます。しかしながら、融合したものが分離して(defused)、残忍さが緩和されないままになっていく可能性もあります。それは、抑制のきかない残酷で自己破壊的な行為に見られます。

アブラハムは、生まれながらに愛と憎しみとの争いがあるというフロイトの考えを受け入れました。アブラハムが重い抑うつを抱えた成人を分析していて気がついたのは、彼らが発達の中でも口唇期前期に由来すると思われるような空想を持っているということでした。そこでアブラハムが立てた仮説は、愛の影響下では、赤ちゃんは愛情深い乳房（と母親のほかの側面）を取り入れて内在化するが、憎しみや怒りの支配下では、破壊されて嚙みちぎられた乳房を取り入れる、というものでした。憎しみに基づいた内在化は、結果として心の中に破壊された対象の空想を生み出します。アブラハムは、重篤な精神障害の根元にはそのような内在化があり、いくつかの性格障害の説明もそれによってなされると考えました。

メラニー・クラインはフロイトとアブラハムの発見を裏付けました。非常に幼い子どもの中に、愛する衝動と隣り合って、他者と自己を破壊しようとする力強い憎しみの衝動が存在する、ということにクラインは気がつきました。子どもの心は空想によって支配されているように思われました。それは一方でおとぎ話の妖精や魔法使いに似た極めて理想化された人物についての空想であり、もう一方は怪物や魔女のような恐ろしい人物についての空想です。これらの人物像は実際の両親とほとんど似ていないので、子どもの知覚と空想は原初的な愛や憎しみによって強く影響されているということが一層明らかになりました。これらの空想は、人物の全体像よりも、身体の一部分や人物の一部分に向けられていましたが、その原始的な性質によって、発達の極めて早期の段階に由来するとクラインは確信しました。ここからクラインが仮定したのは、人生の最初から、愛と憎しみの空想は赤ちゃんが生きる上で重要な人びとに（より正確には、感覚知覚を通して意義深くなる、重要な人びとの身体の一部分や心の機能に）向けられるということでした。母親の一部分は、初めはあたかも自分自身の一部として体験され、徐々に自分とは別のものとして知覚されるようになりますが、これら部分との関係は後に社会的関係と呼ばれるものの萌芽を形作ります。それとは別に、自分自身を破壊的な感情から引き離しておく必要性や、そのような感情を「外に置いて」おく必要性のため、物（や人）を自分とは別のものとして存在すると認識しようとする衝迫もあります。

生まれ持った破壊性を投影する必要性と、そのような破壊性から生じる不安がありますが、赤ちゃんはそのような破壊性を「取り除く」ことを母親に依存せざるを得ません。そうやって得られた安心によって、母親との関係はさらに発展するよう全般的に促されます。悪い感情だけが投影されるわけではありません。なぜなら、私たちは愛する感情も他者に注ぎ込むものだからです。人間関係はとても複雑なもので、愛されたいという欲望があり、親密な関係を望みつつも、同時にそれを恐れるということがあります。そうした複雑さはすべて、誰かに身体的欲求も心的欲求も満たしてもらい、自分の内側や外側にある破壊性から守ってもらい、生きる力と愛する力を強めてもらう必要性から発しています。そのような必要性は、生後、次第に強まっていくのです。

このように、赤ちゃんの持つ関係の質は環境に左右されるだけではありません。乳児自身からの働きかけによっても左右されるのです。そういった働きかけは、基本的には乳児の生まれ持った愛と憎しみの相対的な強さという資質に左右されます。乳児を詳細に観察すると、行動に初めから大きな違いが見られます（たとえば、Middlemore, 1941を参照）。この違いは、出生時の苦痛や出生前の経験によるのかもしれませんが、そのあたりのことについては、今のところほとんど分かっていません。ただ、こういった要因を考慮しても、似たような経験を持つ乳児の中でも、外向的で、母親が授乳し愛情深くあやすのを受け入れやすい子どももいれば、待つことに容易に耐える子どももいます。また、苦痛な時の慰めにすぐに応える子どももいます。そういった乳児は生まれつき愛する能力がより強く備わっていると思われます。もう一方で、注目したり、なだめたり、慰めたりされることがかなり必要な子どももいます。それはまるで破壊的な空想がたやすく優勢になってしまうかのようです。止めどなく泣き叫び、どんなに辛抱強くあやしても十分に満足しない子どももいます。まるで悪い感情がいつも優勢であるかのようです。そして中には、無感情で、生きるための力強さが欠けているように見える乳児もいます。

生まれつきの愛と憎しみのバランスがどのようであれ、生得的な欲動の二元性のために、心の生活は絶え間なく変化することになり、他者と葛藤し、自分自身の中で葛藤することとなるのです。そのような葛藤から生じる不安については第二部で論じます。

人間の行動を日常的に観察すると、憎しみ、嫉妬、競争心、貪欲さ、そのほかの破壊的な感情によって社会的な関係が壊れる様子をよく目にします。また、より建設的な関係を築こうと努力したり、それに失望したりする様子も目にします。そのような様子を見ると、愛と憎しみの間に絶えず争いがあることを認めるのは難しいことではないように思います。けれども、攻撃的な欲動が挑発や不十分な環境に対するただの反応ではなくて、人間にもともと備わっているものだという考えは、非常に強い反対に遭ってきました。私たちは、究極の善が自分に備わっているという信念にしがみつきたいと思うようですし、自分の持ち分である憎しみを自らに引き戻すことに気が進まないようです。そうすることで、実際にとても破壊的な状況になるかもしれない事態を助長しているとしても、です。そのほかには、攻撃的な衝動を他の人びとの中にだけあるとみたり、自分だけが正しいという精神で戦い続け、言い争いや戦争を助長したり、いじめに手を染め、残酷さや悪賢さと結託し続けるということもあります。その一方で、自己や他者の中にある破壊的な要素について知ることによって、より明晰な判断を下し、耐え忍ぶ力を増し、より堅固なものに支えられるということがあります。そうなることで、より建設的な関係を築く可能性が開かれるのです。

私たちが非常に賞賛する性質を考えてみると、勇気、知恵、誠実さが挙げられます。私たちが暗黙に認めているのは、そういった性質を持った人は、成熟に達しているということです。彼らは、自分のパーソナリティの中にも仲間の中にも存在する破壊的な要素と格闘し、取り組み続けることができたことによって成熟に達したのです。このような例を見ると、欲動の生得的な二極性の中にも、非常に肯定的なものも実際にあるのだということに気づかされます。プラス極とマイナス極があることで発火する電気のように、愛と憎しみの相互作用から生じる葛藤状態は、現在の絶え間ない心の活動を創り出しているのです。それが結果として災難や膠着状態を生じさせるかもしれません。けれども、発達を阻むような生に反する要素に私たちが取り組むとき、そのような葛藤はそれに相応しい達成や成長を生み出すかもしれません。

訳注

（一）死の欲動のことを指す。

第六章　相互作用

関係というものは、どちらともが互いに影響し合う双方向の過程です。これまで、いくつかの空想についてみてきました。そして、空想が関係にどのように影響を与えるのかをみてきました。心理援助者自身も個人的問題を持つものですが、その問題に気づいておきたいものです。そうすることで、自分の問題が専門の仕事を妨げることを可能な限り制御することができます。

このことは私生活では非常に難しいのです。配偶者との関係や、特に親と幼い子どもとの関係を考えてみると分かるのですが、そのような関係では最もその人らしいやり方で親密に結びついているため、それぞれの感情や気分が絶えずお互いに影響し合っているのです。

たいていの場合、心理援助者がクライエントの人生に足を踏み入れるのは、クライエントが危機に陥ったり、後戻りできない状態に達したときです。どのようにしてクライエントがそうなったのかを見出す機会を得ることがありますが、しばしばその機会は限られています。詳細な観察、特に母親と乳児の詳細な観察（訳注一）が非常に有益な示唆を与えてくれるのは、こういった事情のためです。母親と乳児の詳細な観察は、**発生状況**にある関係を学ぶ機会を提供してくれます。すなわち、二人の人間の間に起こる相互作用や相互調節の過程、つまり互いに相手に合わせていき理解を深めていく過程を学ぶ機会を提供してくれるのです。また、関係の中での誤解、ずれ、ちぐはぐさがどのように生じてくるのかも、そこから学ぶことができます。

母親、赤ちゃん、父親

授乳に見られるいくつかの要素について少し考えてみましょう。そこでは、一連のとても複雑な調節がなされていることが見出されます。母親は赤ちゃんを抱き上げ、腕に抱え、二人にとって心地よい姿勢を見つけます。乳首を赤ちゃんの口のところへ持っていきますが、赤ちゃんが乳首をくわえ、口の中に含んでおくのにちょうどいい角度とやり方でないといけません。そして、ちょうどいいタイミングで乳が出ないといけませんし、赤ちゃんも乳首をしっかりくわえ、あごを動かして乳が出るようにおっぱいを刺激することを覚えないといけません。また、乳の出るスピードに飲み込むのを合わせることを覚えないといけません。別の言い方をすると、この二者、あるいはミドルモア(Middlemore, 1941)の的確な表現を用いれば、「養育カップル(nursing couple)」はお互いに同調して(in tune)いくことを学ばなければならないのです。場合によっては、同調していくのに時間がかかり、我慢と忍耐が必要とされるかもしれません。さらに、この生理学的な過程は情緒的な過程によって影響を受けることが知られています。たとえば、ショック、心配、抑うつによって母乳の出が悪くなったり、止まってしまうことさえあることが知られています。怒りや恐れ(それに難産の後に続く無気力)が、赤ちゃんが乳首をくわえて吸おうとしているのを妨げてしまうことがあります。片方が混乱していると、その混乱はもう一方に伝わって、気分や反応に影響を与えます。

例を挙げます。Ｐは力強く、健康な赤ちゃんでした。生まれたときから、おっぱいを差し出すといつも抵抗しました。おっぱいを探して顔を熱心に動かす様子を見ると、おっぱいを欲しがっているように見えました。けれどもおっぱいに触れると金切り声をあげるか、初めにほんの数回吸ったあと、もがき泣き叫びながらおっぱいから顔をそらしてしまうのでした。

Ｐの母親は、以前に子どもを持った経験がありませんでした。妊娠期間は平穏無事で、初めて生まれる子どもの誕生を心待ちにしていました。ですから、自分の腕に抱かれて金切り声をあげ、怒り狂い、要求をし、どうやっても満足させてあげられない赤ちゃんを見て、母親は驚き、ショックを受けました。母親としての役割をまだ確立していない中でこのような状況に出会ったので、この子にはどこか悪いところがあるのではないか、自分の母乳が悪いのだろうかと母親は感じました。赤ちゃんに原因があるのなら、自分はどんな赤ちゃんを産んでしまったのだろう。障害があるのだろうか。自分の赤ちゃんは化け物のように貪欲なのではないか。一方でもっと強く感じたのは、自分が赤ちゃんに適切に応えていないということでした。そして自分の母乳の量や質が問題なのではないかと考え始めました。

不安になればなるほど、母親の赤ちゃんへの関わり方は、一貫性がなく、せわしなくて、ぎくしゃくとしたものとなりました。そして赤ちゃんの方では、ずっと興奮気味であったり、欲求不満であったりして、母親といてもくつろぐことができず、満たされることもできないでいました。Pは昼夜を問わずよく泣き叫びました。母親はほとんど眠ることができず、だんだんと肉体的にも精神的にも疲れ果てていきました。最終的に、母親は飽くことのないPの要求に対して恐怖と怒りを感じるようになりました。

力動的な相互作用

以上に述べた関係に見られるのは、影響が**積み重なっていき**、二人のパートナーが欲求不満と不安を生み出すような相互作用の悪循環にとらわれているということです。幸運なことにこの事例では、父親はいつも穏やかで、この状況での母親の心配は理解できることだと強く思っていました。父親は、自分の妻がPを養うのに相応しい人物であり、やがては満足のいく方法を見つけるだろうということに疑いを抱きませんでした。そしてまた、Pをおぶって歩き回ったりして母親が少しでも睡眠をとれるようにすることで、育児を手伝いました。言いかえると、父親はその母親の母親として振る舞うことで、母親と赤ちゃんの不安を包容（contain）[訳注二] することができたのです。

Pは依然として要求が強く、むずかり、すぐに怯えたりしましたが、次第に母親とPは落ち着いていきました。母親が助けてくれるパートナーを持たなかったり、赤ちゃんが初めから歓迎されていなかった場合、このような母子関係がどれほど難しいものか想像してみてください！　その一方で、もともと望まれてはいなかった赤ちゃんでも、反応が良くて甘え上手であることで、思いがけなくも母性的な感情を呼び起こし、良い循環を招き入れることがあります。

母親と赤ちゃんの身体的に親密な関係が、心理的な親密さと並行している様子を見ていきましょう。母親と赤ちゃんとはお互いにとても大事な存在であり、また二人ともとても傷つきやすいので、一方が他方に与える影響は非常に力動的です。親がいらいらしていたり、不安であったり、なにかに没頭していたりすると、子どもは「言うことを聞かなく」なるものです。赤ちゃんは養育者の気分や感情に非常に敏感で、そういった気分や感情の幾分かは身体接触をとおして伝わります。たとえば、母親が赤ちゃんを抱き上げて抱っこする様子によって、母親の気分や感情は伝わりますし、赤ちゃんと一緒にいて母親が緊張しているのかリラックスしているのかは、赤ちゃんに話しかけ見つめる様子に表れます。生後二カ月半の娘を持つ父親が私に語ってくれたところによると、ときおり娘を抱いていて、考えが娘のことから離れていくと、娘がぐずり始めるというのです。そして、彼が娘に関心を向けるとすぐに泣きやむのだそうです。それくらい早期の段階であっても、親が関心を向けることが極めて重要であるように思われます。

もちろん、関心の性質は重要です。それが受容し理解するようなものであるか、次に挙げる例のように不安で監視するようなものであるのかは重要なことなのです。

ある精神科医が眠ることができない乳児のことで相談を受けたときのことです。精神科医は、母親が泣きわめく赤ちゃんを膝の上にのせて、始終振り回していることに気がつきました。そこで精神科医は、話している間、赤ちゃんを抱かせてくださいと母親に頼みました。母親は赤ちゃんが自分を不安にさせるのだと言いました。（そのため彼女は自分と赤ちゃんから恐れを「振り」払いたいと願っていたのでした。）しばらく話した後、母親は赤ちゃんがすっかり眠りに落ちて、医師の腕の中ですやすやと寝ているのに気づいてびっくりしました。前に挙げた父親の例のように、この医師は母親と赤ちゃんの恐れを包容することができたのでした。そして、その二人の見守り手となったのです。

家族

子どもの人生の始まりにおける父親の最も重要な役割は、母親と赤ちゃんを支える人となることだと思われます。うまくいっている関係では、母親が自分の役割にまつわる不安を相談できる相手が父親となっています。赤ちゃんが産まれた後、母親というのは傷つきやすくなるものです。もちろん、出産を誇りに思い、わくわくした気持ちになるものですが、同時に容易に落ち込み、不安になりがちです。出産後数週間の騒然としている間に、父親は母親に希望と安定感を与えるのです。

調節がうまくいってお互いが満足するような授乳関係が経験され、役割を補い合う両親によって安全な足場が与えられると、そのことが、子どもが創造的な関係を経験する基盤となります。最終的には、それが子どもの心の中で両親の性的な結合と創造性とに結びつくことになります。そういった良い関係を取り入れることが、子どもの安定の基礎となるのです。子どもが家族をどのように捉えるのかは、子ども自身がそこに持ち込むもの、つまり愛や憎しみによって影響されます。けれどももう一方で、家族の構成員の実際の性質によっても影響されます。つまり、家族のそれぞれが生活にどのように関与しているのか、お互いにどんな関係を持っているのかという性質によっても影響されるのです。こういったことすべてが、内的な空想世界の中の諸関係に影響を与え、子どもが自分自身を個人として、そして家族の一員として捉える観点を形作ります。のちの人生においては、そのことが、より大きな社会集団との関係にも影響を与え、自分自身の家族を作る際にも影響するのです。

相互作用の図式

さまざまな起こりうる相互作用を示すのに、あまり紙幅もないので、図式を使って提示しようと思います。そうするには過度の単純化を伴いますし、取り上げる要因もすべてを網羅しているとは思っていません。さらに言えば、前述した力動的な影響の積み重なりについては省かれますし、調節と成長を通して生じてくる変化についても省かれます。また、あらゆる衝動や空想は、赤ちゃんの中にあらかじめある程度存在していると仮定しています。

赤ちゃん

(a)良いものが自分の欲求を満たしてくれるだろうという生得的な前概念作用（期待 preconception(訳注三)）。口はおっぱいを探し求め、おっぱいに反応する。

(b)感覚的な経験を中心として空想を形成する能力。

母親

出産に先立って、赤ちゃんについてさまざまな空想を持つ。その空想は、怪物が生まれるのではないかという恐れから、完璧な良い赤ちゃんであるという希望までさまざまである。そういった空想のバランスは、母親自身の母親や父親に対する感じ方、さらに同胞や、赤ちゃんの父親に対する感じ方、人生経験や自分自身の価値に関する感情に左右される。

授乳やあやす時の身体の感覚を楽しむことができる。母親があまりにも誘惑的な場合、赤ちゃんの性的な感情を過剰に刺激してしまうかもしれない。一方で、このような感情が赤ちゃんに起こることを恐れていると、赤ちゃんを体から離して接するため、心と身体の分裂を促進してしまう。

(c)生得的な愛情の強さと呼応して、愛情深い空想を抱くことができる。つまりさまざまな程度で愛情を受け取ることができる。反応が良くて愛情深いならば、すぐに微笑み、気持ちを通い合わす遊びに没頭することができる。また、「愛らしい」ので、よりいっそう相手の愛情を喚起する。

(d)生得的な破壊的欲動の強さと呼応して、破壊的な行動や空想を抱く。さまざまな程度で敵対的な世界を恐れる。

(e)破壊的な感情を包容するには限界があるので、そういった感情を外に投げかける必要がある。そうすることで母親を悪いものとして体験し、悪いものとして取り扱う。

母親の赤ちゃんを愛する能力に応じて、あやしたり、授乳したり、抱っこしたりするときに、赤ちゃんの欲求に合わせて愛情を表現することができる。母親が抑うつ的であっても、赤ちゃんの愛らしい仕草が母親を抑うつから引き上げてくれるかもしれない。一方で母親の抑うつが深すぎる場合、赤ちゃんに応えることができず、情緒的に生き生きしていて気持ちを通い合わすことができる母親を赤ちゃんが体験する機会を奪ってしまう。そうなることで赤ちゃんには早くから絶望感が芽生え、自閉症（訳注四）になる可能性さえある。

母親の中の破壊的な部分が統合されている度合いに応じて、母親はさまざまな程度で赤ちゃんの破壊的な行動を取り扱うことができる。母親が赤ちゃんの攻撃性を恐れている場合、厳しい制限を設けたり、罰したりするかもしれない。あるいは母親が赤ちゃんの攻撃性を否認している場合、制限を設けることができないこともある。一方で母親が赤ちゃんの攻撃性を認め、恐れていない場合、寛容で揺るがないでいることができる。

母親が自分の良さについてどのように感じているかに応じて、赤ちゃんの破壊的な感情に耐えたり、耐えられなかったりする。赤ちゃんの投げかける感情に母親が耐えることができると、過度に怒ったり、落ち込んだりすることなく、赤ちゃんが自分の

(f) 敵意に敏感になる。

(g) 当初は限界があるものの、現実の受け取り方が成長してくる。自分の受け取り方が、空想によって予期されたものに合致しているのか、矛盾しているのかに気づく。恐れに対抗して慰めを得るようになる（あるいはならない）。たとえば、母親が存在し続けていることで、自分の破壊的な空想が母親を殺してしまっていないことを知り、母親の強さが確かであることが分かり、万能的な破壊空想が減少する。

(h) 成長と統合に向かう力

ことを拒絶するのを許容することができる。そして、赤ちゃんを上手にあやすことで、空想と現実が違うことを赤ちゃんに知らせることができる。母親が悪いものの投影を受け取ることができない場合、誘惑的に振る舞ったり、厳しくとがめるように振る舞ったりするかもしれない。あるいは一層不安になったり、落ち込んだりすることもある。そうすることで、自分の破壊性は万能の力をふるうものだという赤ちゃんの感情を強めてしまう。

母親が赤ちゃんや自分の中の「赤ちゃんの部分」に対して敵意を抱いていると、赤ちゃんを拒絶し、敵対的な世界に対する赤ちゃんの恐れを確固としたものにしてしまう。

母親が精神病的でないのなら、生きてきた経験によってより現実的な感覚を持ち、赤ちゃんが現実から空想をより分けることを手助けすることができる。ある特定の領域でこうしたことができないと、それが赤ちゃんにも伝わる。たとえば、恐怖症や混乱を恐れることなどがそうである。母親が突然にいなくなったり、あるいは死んでしまった場合、自分の破壊性は母親を殺すことができるという赤ちゃんの思いを強めてしまう。

母親自身の統合の度合いによって、赤ちゃんと母親自身のよい面と悪い面を一緒に抱え持つことができる。子どもの成長、変化への欲求、スキル、能力を認め、それに合わせてあげることができる。

(i)身体的な痛みと同じように、心の痛みに対しても母親に助けてもらうことが必要となる。物質的な欲求と情緒的な欲求が分化してくる。

母親が自分や赤ちゃんに起こる心の痛みに耐えることができずに、あらゆる痛みを身体的なものとして扱う場合、心的現象を身体化するのを促進していることとなる。情緒的な欲求に対して物を代用物として与えることになるからである。

(j)さまざまな程度で欲求不満に耐えることができる。全く耐えることができない場合、あらゆる苦痛な経験を断片化させ、最終的に感覚器官から送られる情報をも断片化させ、結果として現実の知覚が減少する。欲求不満を持ちこたえることができる場合、心の成長が促進される。

母親が赤ちゃんと触れあっていて、その赤ちゃんが何に耐えうるかを判断することができる場合、母親は、赤ちゃんと、赤ちゃんを圧倒してしまうような欲求不満との間を取り持つことになる。母親が、耐えうる以上の欲求不満に赤ちゃんを曝す場合、赤ちゃんの中で迫害的な感情が増すことになる。一方、欲求不満に対して過保護でいると、過度に乳児的な性格をもたらすことになる。たとえば、生きるのに特別の条件が自分に用意されていて当然だと強く考えるようになったり、そうならない場合に、自分の不満はもっともなものだと感じるようになったりする。

ここに示したのは、乳幼児と母親の相互作用のごく一部にすぎません。さまざまな可能性の中でも、極端な場合を以下に挙げておきます。

(a)愛情を十分受けた乳児・幼児・大人は、経験の中から良いところを引き出し、自信を強めるのに用いることができます。同時に、欲求不満を起こすような経験についても、最小限の怒りをもつだけで克服することができます。
(b)反対に、ちょっとした欲求不満にも激しく怒る乳児・幼児・大人は、深く後をひく恨みをもって反応し、常に助けが必要となります。極端な場合では、それさえも十分ではありません。そういう人は精神病的になったり、あるいは生き延びることがなかったりします。

環境の側から眺めてみると、

(a)母親が安定して自分の役割を果たしていると、乳児からとても強く拒絶されたり、怒りを向けられたりすることに耐えることができ、それでいながら穏やかでいられ、愛情深く関わることができる。
(b)母親が未熟で、どんな責任を負うことも拒否している場合（あるいは諸々の理由で、体や心が不在の場合）、乳児が絶望や無関心に陥るのをとどめるには、並々ならない愛情を受けなければなりません。極端な場合には、乳児のうちに死亡してしまうこともあります。施設の赤ちゃんや、家庭を転々とする子どもに見られるように、母親となる人物がしょっちゅう入れ替わる場合、同じような結果が見られます。
(c)抑うつのために母親があまり反応できない場合、自分自身の中に閉じこもってしまい、赤ちゃんからの愛情や怒りといったメッセージを受け取ることができません。そうすると、赤ちゃんは自分自身に引きこもらざるを得なくなり、自分自身の体や物質的な対象から満足を求めるようにならざるを得なくなります。自閉症はそういった状況の一つの結果であるかもしれません。
(d)母親が、赤ちゃんを自分の混乱や乳児的な葛藤や破壊性を投げ入れる受け皿（receptacle）として使う場合、統合失調症や病的な共生関係を生じるかもしれません。

訳注

（一）ここは、一九四八年エスター・ビックによって創始されたタビストック方式乳児観察を念頭においているものと思われる。

（二）ビオン（Bion, 1962）の提唱した概念。

（三）ビオン（Bion, 1961 "A theory of thinking". International Journal of Psycho-Analysis, 43. 白峰克彦訳「思索についての理論」松木邦裕監訳『メラニー・クライン トゥデイ②』岩崎学術出版社）の提唱した概念。

（四）現在、自閉症は脳の生得的な器質的障害による発達上の障害とみる見方を支持する圧倒的な科学的証拠が蓄積されてきている。しかし、健常な子どもの発達と同じく、母子交流の性質が、このような脆弱な素因をもつ子どもの発達に決定的な影響を持ちうることも認められつつある。（タビストック・クリニックにおいて実践されている自閉症児への精神分析的アプローチについてはアルバレズとリード編『自閉症とパーソナリティ』〔創元社〕を参照）

第二部　葛藤、不安、防衛

第一章　大人、子ども、乳児にみられる迫害不安とそれに対する防衛

怯えたクライエント

B夫人は、学童期の子どもを二人持つ三四歳の既婚女性です。短期間の精神病院入院の後、主治医に紹介され自治体の精神保健機関にやって来ました。

ケースワーカーはB夫人のことを、自分のアパートをとても清潔でこぎれいにして、抑えた色調で趣味よくしつらえている、華奢で不安げな様子の女性だと感じました。B夫人が言うには、彼女の主な問題は街に出て行くのが怖いということでした。大丈夫だと考えようとしましたが、どうしても家から出ることができませんでした。外に出ようとすると、すぐにパニックになり、めまいと吐き気に襲われました。また、新聞を家の中に持ち込ませませんでした。というのも新聞には戦争や殺人について書かれていて、それが恐ろしかったからです。B夫人が子どもたちが騒いだり要求したりするのが耐えられないというので、子どもたちは主に外で遊んでいました。義父が訪ねてくるのを嫌い、義父はがさつだと不平を漏らしていました。そして、「平穏にしておかれる」ことを好んだのでした。夫が外にいるときは、夫の身に何か起きるのではないかと恐れ、帰りが遅いとパニックに陥りました。彼女は夫が自分に辛抱強くつきあってくれることや穏やかであることを賞賛しています。（ケースワーカーが夫から受ける印象は、男性らしさを欠いた生気のない未成熟な若者というものでした。）

B夫人がケースワーカーに伝えたところによると、子どもの頃や若かった頃、彼女は強情でひどい癇癪持ちだったそうです。そのため結婚から数年は喧嘩が絶えませんでした。「けれども今ではいつでも夫に従っているわ」とB夫人は言います。それでも時折、「爆発しそう」に感じるのです。そんなときは自分の寝室へ避難して、「その場を粉々に打ち砕きたい」という衝動をコントロールしようとします。子どもはなかなかできませんでしたが、数年してからやっと妊娠しました。赤ちゃんが生まれて数週間のあいだ、その子はきっと死ぬだろうと彼女は思っていました。彼女はまた母乳を与えることができませんでした。最近では、月経になると大量の出血に悩まされています。困難はすべて、神が彼女を罰するために与えているのだ、とB夫人は感じています。

この短い記述から、強い不安によって日常生活が支配されてしまっている女性の様子が浮かんできます。平安に到達すると期待して、自分自身の中に閉じこもり、恐ろしく感じる世界を外に閉め出すことで不安をコントロールしようとしていますが、部分的にしかうまくいっていません。いまだに夫の安全を気に病んでいるままであり、自分自身の生活と家族の生活を制限しなければならないことで悪い妻、悪い母親であると感じていたのです。

B夫人の空想についてここまでの記述から分かることは、家の中は比較的平穏で静かな場所であり、家の外や街、それに新聞が伝えてくる世界は破壊と恐怖の場所であるということです。「安全な家の中」と「危険な外の世界」とがはっきりと分かれていて、おとなしい世界か、そうでなければすべてを破壊するような世界かという彼女の内的世界と一致しているのです。安全と危険、良いと悪い、受け身と攻撃、正と誤といった概念がそこにはあって、それらはどちらか一方という性質、つまり白か黒かといった性質でその中間の灰色の領域がないのです。

B夫人はどのようにして自分と外の世界をこういった観点から考えるようになったのでしょう。彼女の生育過程の中で、どのようにしてB夫人は安全な場所と危険な空間という考えを抱くようになったのでしょう。空想の中で、家や街は何を表象しているのでしょう。なぜ怒りは完全に破壊的なものだと感じられているのでしょう。B夫人が探し求めている「平穏」の性質とはどのようなものなのでしょう。何か罰を与えるものがあって、それが結婚や創造性や彼女の存在そのものまでも脅かしているという思いをB夫人が抱いているのはどうしてなのでしょう。

答えを出そうとする前に、数カ月にわたる週一回のケースワーカーの訪問のなかで、B夫人が自分の過去について語ることができたことを簡単に見ておきましょう。B夫人は七人兄弟の末っ子でした。父親は彼女が生後六週になったときに亡くなりました。そのため彼女は母親が再婚するまで母方の叔母の家で育てられました。三歳から七歳まで母親と義理の父親と一緒に暮らしました。戦争中だったため七歳の時に疎開しました。初めのうちはとても不幸でしたが、そのうちに落ち着いて疎開先の里母を好きになりました。とは言うものの、彼女の思い出す里母は不安の強い人だったそうです。戦争が終わりましたが彼女は家に帰ることを望みませんでした。兄や姉たちは家に帰りましたが、彼女が何度も頼むので、もう二年間里親のところで暮らし続けることになりました。十一歳になったとき、里父が亡くなりました。彼女が家に戻った二年後に、実母はふたたび再婚しました。彼女はそのことに非常に憤りを感じて、既に結婚して二人の子どもがいる姉のところへ行って暮らすことにしたことを覚えています。四年後にはその姉の夫が亡くなりました。B夫人は十九歳で結婚しましたが、先ほど言ったようになかなか子どもができず、また授乳は困難でした。一年半前に義理の母親がB夫人の腕の中に倒れ込み、そのまま亡くなりました。それ以来、B夫人の症状は激しくなったのです。

そんな経験をしたのだったら、この女性が常に災難を予期するようになってもちっとも不思議ではない！と思われるでしょう。ある医師は、このような家族の死のために彼女の問題は引き起こされたのだと言いました。けれども医師がそう言ったことで彼女の問題が緩和されることは全くありませんでした。そういう説明では不十分なのです。なぜなら外界の出来事を、空想という観点からその人の内的体験に結び付けていないからです。説明が彼女にとって意味をなすのは、彼女が家族の死を自分自身のせいにしているということを示した時のみであり、彼女が自分の癇癪や嫉妬心は極めて危険で殺人的なものであるということの証明として家族の死を理解しているのだと示した時のみなのです。B夫人は自分のことを強情でしょっちゅう不機嫌な子どもだったと描写しています。彼女が現在感じていることとから、「不機嫌」とは身の回りのものをすべて破壊するようなことを意味していることが分かります。彼女がこういう感情を寝室で感じるということは重要です。寝室は、結婚や性的関係と関連しているにちがいありません。私たちはB夫人の早期の生育歴についてはほとんど知りませんが、彼女は母親の三度目の結婚に憤りを感じ、母親に自分のところにいて欲しいと思い、その男性が母親を自分から盗み取ろうとしていると感じたことを思い起こすことができます。母親への怒りのほどは、彼女が家から出て行ったことに示されています。以前に、戦争が終わったというのに里親の許にとどまると言い張ったのも同じです。B夫人はまた、母親が彼女の幼い頃頻繁にパブに行って、その間自分を姉たちに任せきりにしておいたことをいかに怒っていたのか思い出しました。ここに一つの分割（division）が示されています。つまり、良い「家にいる母親」と悪い「街に出た母親」です。少女のB夫人が所有することができる良い「家にいる母親」は、今では家にいるときの良い感情によって表象されています。そして、男性、外出、少女のB夫人を置き去りにすること、酒を飲むことと結びついた悪い「街に出た母親」は、今では街やそこでの危険によって表象されているのです。

現実には少女の怒りが男性や女性を葬り去っていないことは明らかです。けれども、私たちは彼女の空想の中ではそうなっているのだと仮定しなければならないのです。怒りによって実際に人びとが殺されたのだという恐れや確信をもたらすのは、思考や空想の万能性です。空想や心的現象が万能の力を持つということの証拠として、実際の死が受け取られているのです。子どもや大人の中の子どもにとってそのことが意味するのは、「ただ考えさえすれば、事は起こるのだ。私の怒りはとても危険で、それで他の人は死んでしまうのだ」ということです。B夫人の場合、この危険だという感情は二度家から送り出されたことによって強められたに違いありません。それはあたかも、あなたがいなければ母親は再婚することができるのだ、そして家族は存続するのだ、と言われたようなものだったのでしょう。B夫人の話を信用するならば、祖母と義父の死は彼女が両親の家に帰省している間に起こったそうで、そのことによって彼女の空想は何か実体のあるもののように感じられるようになったのでしょう。

Ｂ夫人の場合、そのような恐れが攻撃性の過剰なまでのコントロールへとつながっていると思われます。彼女は常におとなしく物静かでいなければなりませんし、彼女の周囲もそうでないとならないのです。攻撃的な気持ちはすべて災難をもたらすと感じているので、彼女はそういう気持ちを取り除こうと努めているのです。

破壊的な感情が頭をもたげればもたげるほど、外（や他者）は破壊的な感情に満たされた場所として感じられます。そして、そういった投影が起こっているとは本人は全く気がついていません。つまり、このような投影は**無意識的**空想における「行為」であって、その結果だけが意識されているのです。そのため外の世界は**まさしく**悪いもの**であり**、家は**まさしく**良い平穏なもの**である**のです。このようにして、「家にいるよい母親」と「外に出ている悪い母親と男性」の分割が、非常に強化されました。Ｂ夫人自身の男性に対する怒りの感情は、男性を殺してしまうように感じられる外の世界の中に入り込んでいるのです。このことから夫の帰りが遅いときの彼女のパニックと、夫が倒れたにちがいないという彼女の確信が説明されます。

この分割の過程は十分にはうまくいっていませんし、うまくいくことはないでしょう。なぜなら内的な戦いは続いているからです。つまり、怒りで爆発してしまいそうな感情と、処罰し死をもたらす神‐父（God-father）に見つかるかもしれない恐れとの戦いが続いているからです。しかし、ここで心に留めないといけないことは、自分を神の怒りに値するものだと感じている**理由**について、Ｂ夫人が全く気づいていないという事実です。Ｂ夫人は恐れや罪悪感の元になること、すなわち自分の攻撃的な気持ちに触れないでいる間は、変化はありえないのです。なぜなら、彼女は自分の攻撃的な気持ちをその万能性を恐れているために否認していますが、その否認こそが攻撃的な気持ちが愛情の圏内に持ち込まれることを不可能にしているからです。愛情には攻撃的な感情を修正し、コントロールする可能性があります。Ｂ夫人には、攻撃性をコントロールできる範囲に保ってくれる、厳格だけれども親切な警官のように振る舞う父親、という概念が存在していないように思われます。Ｂ夫人が知っている父親はすべて死んでいますし、彼らは破壊から自分自身や母親を守るほどは強くなかったに違いありません。唯一の力強い父親は、極めて報復的で処罰的な神なのだと感じられているのです。

ケースワーカーがなした最大の援助は、B夫人が自分自身の反応を意識するのを支援したことです。とりわけ休日や他の原因でケースワーカーや夫に対して怒りが生じたときに、攻撃的な感情をB夫人が言葉にして、認め、受け入れることを援助したのです。愛情と葛藤しているB夫人の憎しみの感情を軽く扱うことは、(そういった感情を否認している夫のように) ケースワーカーが憎しみの感情を恐れていると受け取られ、憎しみの感情は万能の力を持つというB夫人の確信を強めてしまうことになるでしょう。反対に、そういう感情を受け止め、それでもケースワーカーの結婚生活が続いているということは、憎しみの感情が万能であるという信念を減少させ、そういった感情からの解放をもたらすのではないでしょうか。

学校恐怖症の事例

上述した事例は、学校恐怖症のあるタイプにとてもよく似ています。B夫人は外の空間を恐れていましたが、私の患者だった十四歳のピーターはバスや学校に入るのを恐れ、入るように言われると気持ちが悪くなってめまいがしました。私が彼に会ったときには全く学校に行っていませんでした。頭がよいにもかかわらず、学校の成績は良くありませんでした。他の少年からは距離を置き、恐れているようでもあるとのことでした。両親が心配していたのは、彼が職に就くことができないのではないかということでした。というのは、彼はどうしても家から離れることができなかったからです。ピーター自身には職に就かなければならないという焦りは見られませんでした。彼は、母親に対して、家にいて時間通りに食事を出すように要求していました。学校やレストランの食事は一度も口にしたことがありませんでした。そして彼は、母親は間違った男性と結婚したのだと言っていました。母親が外出したときには、母親のとった行動をいちいち説明してもらいたがりました。たとえば、誰と話したとか、誰のせいで帰りが遅くなったのかとかを聞きたがりました。父親や弟に与えられる食事や愛情の量を注意深く見張り、自分がもらっている分の方が少ないと言いました。来客があるとすねて、客がお茶でも飲もうものなら、自分の分のミルクが残らなくなると文句を言いました。

彼の貪欲な感情と独占したいという感情は、治療の初めからはっきりと見てとれました。非指示的な心理療法のセッションは彼にとって「見知らぬ家の中に入り込んで、自由に貯蔵室の食べ物を食べたりテレビをつけたりしてよいよう」に感じられました。彼は時間を延長するよう要求し、私にもっと話すように要求しました。私が話すことは、心の栄養を求める彼の願いと結びついていました。彼の赤ちゃんの部分は、心の栄養を母乳と同じものとして体験していたのです。彼はいつもセッションの三〇分前には来ていて、私のことを見張っていました。このように私の生活と行動をじっくり見ることで、自分が提供される以上のことを自由に手にしていたのです。

ピーターが約束の時間よりずっと前に来て、待合室で待っていたときのことです。彼は、私が同僚の男性と他の男の子と話しているのを見ました。部屋に入ると、彼は部屋がバスのように息苦しくて、かび臭く、煙っていると思い、これ以上ここに居られないと思いました。そしてお腹が痛くなり、飛び出していき、下痢に見舞われたのです。この様子から、自分が独占したいという要求や、自分だけのために提供する貯蔵庫‐母親として隷属して欲しいという要求を私が満たさないとき、彼の目には私が悪いもので満たされていると映ったということが分かります。彼は私に背を向けて立ち去りましたが、それは外的な行動というだけでなく、私を腐った食物に変えて肛門から排出することによって立ち去ったともいえるのです。

このように見ると、彼は所有するという形で母親にしがみついていることが分かります。そうすることで、彼は欲求不満だけでなく、欲求不満にさせる母親への憎しみを避けることができ、欲求不満の結果として母親を攻撃して忌まわしく恐ろしいものへと変えてしまうことを避けることができました。彼にとってバスは、男性（車掌・運転手‐父親像）や通学の子どもたちを体内にもつ母親を意味していることが明らかになりました。一方で学校は、ライバルの子どもたちや先生－父親たちで満たされた母親を表象していることが分かってきました。ピーターは、空想の中で自分の臭いやおしっこを彼らに押し込むことで攻撃していたのです！　その結果、彼は、バスや学校の内側（それは彼の赤ちゃんの部分には母親の体として感じられていました）を、反撃してくる子どもたちや男性たちに満たされた汚く危険な場所であると体験していました。

迫害不安の乳児におけるルーツ

二つの事例にみられる恐れの性質が乳児的であるところから、そういった恐れは発達のより早期に由来していると考えられます。子どもの場合、さまざまな恐怖症は実によくみられますし、だいたい焦らず辛抱していれば克服されます。恐怖症が続き、子どもの生活を妨げることが極めて深刻な場合に、外部からの援助が必要となるのです。「ある五歳男児の恐怖症分析」（Freud, 1909）において、フロイトは自身初の子どもの事例について卓越した素晴らしい説明を提供しています。ハンスの恐怖症にみられる恐れは、母親の愛と母親の所有をめぐる父親とのライバル心に由来していました。そして、性愛的な不安が馬の恐怖症へと形を変える様子が描かれていました。フロイトは、ハンスの恐怖症をエディプス的葛藤から生じた症状であるとみています。エディプス的葛藤は、五歳児の正常な情緒発達の一部であるとフロイトは考えます。フロイトはまた、早期の発達における諸要素は心の奥深くに存在し続け、成人の分析の中にも見出すことができるという自身の主張が正しかったのだと考えました。

メラニー・クライン（Klein, 1928）は、ライバルに対する恐れとそれに続くさまざまな不安はより幼い子どもたちの中にも等しくみられることを見出しました。さらに、少年少女のエディプス期の性器的欲望の先駆けが、授乳してくれる母親に対する赤ちゃんの願望にみられるとしました。母親の栄養を求めるライバルとしての父親という、より早期のエディプス的考えは、十四歳のピーターの場合明らかに認められます。彼は父親や弟、それに訪問客に与えられる食事の取り分、とりわけミルクの取り分をいちいち注意深くかつ憤慨しながら見張っていました。ピーターの場合、独占欲が実際の食べ物に結びついている程度と、彼のより成熟した自己を支配している程度とが行き過ぎたものでした。けれども幼い子どもには、そのような行動はよく見られます。クラインは、そのような感情は早期乳児期に由来すると結論づけました。つまり、乳児は自分が授乳されていないときに、母親がおっぱいをライバル、たとえば父親や兄弟あるいは母親自身に与えていると空想するのだと結論づけたのです。

身体的あるいは心理的な栄養や、安全感や愛情を与えることができると感じられている人物に関係した「赤ちゃんの感情」は、一生を通してある程度存在し続けます。そのような感情は、情緒的に依存関係にある場合や、ストレスや危機にさらされて切迫している場合に特に活発になります。そのためクライエントは、心理援助者に対して強い感情を持つことがあります。心理援助者がクライエントに関心を示していない場合、クライエントは、心理援助者がその配偶者や子どもそして他のクライエントたちを自分より優先していると経験しがちです。あるいは心理援助者自身の利益のために治療を控えているのだと経験しがちです。そういった感情が動いている程度によって、クライエントは心理援助者のことを自分自身の欲求に即して捉えるのです。それは乳児が母親を感じ取るときと同様であり、自己中心的な仕方で捉えるのです。

行動の背後にある動機に注目してみることで、クラインは、この「私はあなたが必要で、ずっとあなたと一緒でなければならない」といった態度が貪欲さや独占欲に基づいているだけでなく、恐ろしい不安を寄せつけない一つのやり方であることを発見しました。その恐ろしい不安というのは「あなたのような頼りになる良い人がいなくなったら、私はとても恐い」とか「あなたがいてくれないと、生き延びることができない。死んでしまう」という性質の不安です。

子どもでも大人でも、このようなことを直接言葉にすることはまれでしょう。子どもならしがみついたり、絶望の悲鳴をあげたりします。赤ちゃんの激しい泣き声は「死にそう」とか「危機に瀕している」というメッセージを否応なく伝えてきて、赤ちゃんのもとへ駆け寄って助けざるを得ない気持ちにさせます。思春期の若者や成人の場合、彼らの助けを求める声を理解するにはもう少し敏感にならねばならないかもしれません。たとえば、非行や犯罪行為という形をとることがありますが、その行動はあまりにおおっぴらになされるため、そこに見つけてもらいたいという無意識的願望をみてとることができます。そのほかに、事故に遭いやすいことや、クライエントの安全について心配したり気遣ったりせざるを得ない感じが伝わってくることがあります。いずれの場合も、そのことがどの程度までクライエントの不安に基づいているのか、どの程度まで心理援助者を操作しコントロールするために使われているのかを心理援助者は見定めなければなりません。

クライン（Klein, 1963）が示したように、それはひとりぼっちで取り残される恐れというだけでなく、何かと**ともに**、いわば強い恐怖（terror）とともに取り残される恐れでもあります。恐怖の中身は多様です。自己嫌悪と自殺の衝動に曝される恐れ。他の人物を憎むことへの恐れや報復の恐れ。強盗や謀略者への恐れ。魔女や幽霊への恐れ。身体的あるいは心理的な無力さへの恐れ。未知のことがらは常に潜在的に危険であるという点で、未知のことへの恐れ。人によって恐れの中身は違いますが、共通しているのは、助けてくれる良い人物がいないときに被るかもしれない死や害への恐れです。

クラインは、**自己の安全を軸として展開する恐れ**を**迫害不安あるいは被害妄想不安**と呼び、**他者の安全を軸として展開する恐れ**を**抑うつ不安**と呼んで、両者を区別しました（Klein, 1934; 1946）。

クラインは、良い母親が不在の時の悪い「存在」への恐れと憎しみの投影とを関連づけ、さらにその投影の後に続いて起こる憎悪に満ちた、死や害を与える外部の力への予期とを関連づけました。B夫人の事例では、攻撃性を自分から取り除こうとする試みが、攻撃性を外に排出し、外の悪い世界への恐れを強めることになった様子がみられました。ピーターの事例では、ライバルたちへの嫉妬と空想の中での攻撃が、彼の心の中で私を外的には危険な人物に変え、内的には恐ろしい対象へと変えてしまった様子がみられました。この恐ろしい悪い「他者」への恐れは、憎しみや悪い母親の経験に対する障壁役をつとめる良い母親の存在を求める彼の貪欲さを強めることになったのです。

こういった感情は、狂っているようにみえるくらい非合理なものに思われます。ピーターは結局のところ私を見ることも聞くこともできましたし、それ以前には助けてくれる人として経験していました。にもかかわらず、なぜピーターは、その私と、今となっては恐ろしいと感じられる人物とが同じ人物なのだと自分に言い聞かせることをしなかったのでしょう。事実、私が次のように認識して彼に解釈することによって、彼は部屋に戻ることができたのです。すなわち、彼の赤ちゃんの部分が恐怖を感じていて、一時的に彼のより大人の部分を支配してしまっていること、そして彼のより大人の部分は私のことを助けてくれる治療者であると知っていること、を解釈したのです。このような区別をすることで、彼に気休めを与えようとしたわけではありません。むしろ、彼のより成熟した部分に対して、私とともに彼の乳児的な部分を見てみようといざなったのです。つまり、彼の中の乳児をよく調べてみようといざなったのです。彼の中の乳児は、私が煙や汚れで満たされていると感じており、私がその煙や汚れを彼の中に押し戻そうとしていると具体的に体験していました。このような感情が乳児期に根ざしているということが分かった時に、解釈は意味をなします。母親が不在の時、母親は憎まれ攻撃されて恐ろしい母親と変化させられてしまいますが、その母親と授乳し愛してくれる母親とが同一人物であるということを全く認識していないかほとんど認識していないのが、乳児期という時期なのです。赤ちゃんは内的体験と外的体験を区別することができません。そのため、空想がどんなものであれ、赤ちゃんは、自分の心や身体の中にある母親の表象に対するのと同様に、外的な母親に対しても空想が具体的な影響を与えると考えます。また、私の知るかぎり、幼い乳児には時間の概念や対象が時間の中で存在しているという概念がありません。そのために経験が、「今か二度とないか」、すべてかゼロか、良いか悪いかという性質を持つこととなります。明日もなければ、良いときも悪いときもあるという概念もなく、今食べ物がなくても後にあるだろうという概念もないのです。

迫害不安に対する防衛

迫害される恐れ、たとえば飢餓の恐れ、死の恐れ、敵対勢力への恐れ。そのような恐れから、それに対処できるくらい強力なものや人を求める必要性が生じます。このようにして、絶大な力を持ち、常に存在している良い母親という空想が生じます。通常の意味で良いというわけではなく、理想化されているのです。そのような母親の体と心は、栄養、あたたかさ、力、知識の供給が無尽蔵にできると考えられているのです。理想化された母親と一緒にいるということは、不足することがなく、無力を感じることもなく、恐れることもないということを意味しています。さらに、この理想化された対象は自分自身の欲求を持ちません。つまり神のような存在であり、人間の持つ弱さや過ちを超越していて、それ自身で自足しています。反対に、持っている恩恵を際限なく与えないのならば、自己中心的でけちだということになります。乳児が空腹を感じているちょうどそのときに、母親のおっぱいは満たされていると感じられます。そして、この満たされた対象を所有したいという願いや自分に襲いかかるあらゆる恐れから守られ安全でいたいという願いがあるため、乳児は授乳されるだけでなく、母親の内側に入り込みたい、この宝の家に潜り込んで奪い取り持ち去りたい、あるいは所有権と支配力をもった「城主」のような心持ちで母親を所有したいと願うのでしょう。ある少年が「君は英国（Great Britain：偉大な英国）だ。そして僕は君を統治している」と私に言いましたが、それはまさにこのような「城主」の気持ちなのでしょう。あるいは、まるで母親の豊かさに寄生する人（「養われている」男（kept man：男めかけ））のように、乳児は母親の体の内部に住みたいと願うかもしれません。あるいは、空想の中で母親の内側に自分を入り込ませるかもしれません（投影同一化［projective identification］：Klein, 1955と比較）。それによって乳児の自己像は母親と融合してしまい、乳児は理想化された母親の性質を身につけていると感じたり、偉大であると錯覚するのです。

無力であればあるほど、乳児（や成人の中の乳児）は迫害不安に脅かされますし、迫害不安から身を守るために使う手段は死に物狂いのものとなります。乳児は母親の内側や母親の体の部分について、豊かさ、生命、愛情に満ちあふれていると感じたり、敵対的な感情が優勢なときには噛み付いたり強奪してきたりする、邪悪な敵で満たされていると感じたりします。そのような感情は、後になって他の場所に転移されます。私たちは、B夫人が自分の家の中をやさしく、きちんとしていて、穏やかな母親のように感じていたことを見てきました。その一方で家の外の世界は、男性と一緒にいる、だらしない、酔っぱらった、凶悪な母親のようでした。ピーターは母親と母親のいる家を良いものとして、そこにしがみついていました。その一方で学校やバスは、彼を殺し、毒を盛り、窒息させたがっている男性や子どもたちによってすでに所有されてしまった母親を表象していました。クラインは、制止による学習困難はしばしば見つけ出すことへの恐れと関係していることを発見しました。すなわち、子どもの乳児的な部分にとって学習するということは、母親の内側に潜んでいるあらゆる不安や危険を感じながら、母親の体の中に入っていくことを意味しているということを発見したのです。

そういった分裂（splitting）、すなわち母親をよい母親と悪い母親に明確に分けてしまうことは、幼い乳児の情緒発達において必要不可欠な段階なのだとクライン（Klein, 1946）は言っています。生命や安全を脅かす乳児の内外にある力から、乳児や母親の中の生命や成長を促す部分を析出し比較的安全に保つことによって、分裂は乳児が経験を整理し、混沌に秩序をもたらすことを可能にするのです。そのようにして理想化された対象を信頼することは、乳児にとって必要なことです。（ウィニコット〔Winnicott, 1964〕は、母親は初めのうち赤ちゃんの万能的な空想にぴったり適合していなければならない、と言っています。）理想化された対象を信頼することで、乳児は希望を維持することができ、ともすれば絶滅させられるのではないかという耐え難い不安を耐えることができるのです。愛情によって、乳児は、満足や慰めを与えてくれる母親と結びつきます。そして初めのうち、乳児はこのよい母親は**自分自身なのだ**と感じる傾向があります。憎しみの感情によって、乳児は、欲求不満と苦痛の原因と感じられる母親と結びつきます。乳児は、この悪い対象に自身の破壊性を投影するだけでなく、この悪い対象から自分自身を引き離しておきたいという願望をもちます。そのような願望から、乳児は、自分でない誰かがいること、すなわち分離性を認識し、自分と自分でないものや自分の内側と外側を認識する必要性が生じ、またそのような認識が促進されるのです。

ここまで述べてきた迫害不安とそれに対する防衛は、健常な発達の一部と考えられますが、それで最終的な発達上の解決が出されたわけではありません。たとえば理想化された対象は、求められる期待に添わないときには、すぐさま正反対のものへと変わってしまいます。必要なときにはいつも手をさしのべてくれる完璧な母親は、一瞬にしてわざとひもじい思いをさせ、出し惜しみし、苦痛を与える母親へと変わってしまいます。言いかえると、乳児が理想的な母親を信じることで、母親は、乳児が寄せつけないようにしている迫害的な母親になってしまうのです。赤ちゃんが至福の状態から突如として怒り狂った絶望の状態へと変化してしまう様子が観察されますが、このことと結びつけることができます。白か黒かという観点から世界を体験する大人の場合にも、同様の様子が見られます。彼らはある時には人や物事を素晴らしいものと感じますが、次の瞬間には恐ろしいものと感じます。理想化は最終的にうまくいかないのです。なぜなら、「理想的」でいるという要請を満たすことができる人間などいないからです。錯覚から醒める痛みを耐えることができないと、理想はどこかに存在しているという信念にしがみつくようになります。その結果、理想的な条件を満たすようなものがいつかは見つかると期待して、仕事やパートナーや友人や住居をしょっちゅう変えることになるのです。そのような理想の追求に実りはなく、失敗に終わる運命にあります。このように現実と現実が突きつける限界（そして基本的には自分自身の限界）に正面から取り組むことに失敗すると、問題の解決法を見つけたり、問題に取り組むのに自分自身の能力を使うことが妨げられます。というのは、他の人が答えを出してくれると期待するようになるからです。それは最終的に、判断力の貧困化、感情の平板化、自己と他者についての認識の欠如を招きます。これはすべて個人の中にある破壊的な感情を取り除いたり、ぼやけさせる試みなのですが、そうすることで、常に葛藤状態にある二つの欲動を持った自己や他者を理解することや、愛情と憎しみがさまざまな形で混ざり合った複雑な感情が生まれることが妨げられてしまうのです。

これまで述べてきたさまざまな防衛手段は、乳児の場合には健常といえますが、大人でもストレスを感じている時期に一時的に用いられる場合には健常といえるでしょう。それが病的なものとなるのは、極端であったり、ずっと続いているときのみです。その例については、本章の初めの「怯えたクライエント」でみてきました。B夫人は悪い外的世界に次第に背を向けるようになり（自分自身の破壊的な感情を外の世界のなかに排泄しているため悪化し続けていました）、維持するのに不安定であるけれども非常に理想化された内的世界にしがみついていました。他の事例ではそういった過程を経て、パラノイアの感情と入り交じった誇大的な空想や錯覚の世界に住むようになることもあります。防衛を病的なものにするのは、**分裂の程度**や攻撃性を心の中に持ちこたえることができる能力の不足、それに**過剰な投影**なのです。

誰しも幾分かは理想化する傾向があります。たとえば理想化することで恋に落ちます。その一方で、なにがなんでもパートナーを理想化し続ける必要がある場合、真の愛情関係へと至る道が妨げられます。真の愛情関係は、相手の欠点の少なくともいくつかは受け入れることができることに基づいています。理想化はまた、逆境の時にも明るい未来への希望を持ち続けることを助けてくれます。その一方で、克服すべき困難に対する正確な評価が欠けている場合、非現実的な目標をめざしたり、達成を不可能にするような万能感に彩られた方法で目標達成を図るといったことが生じます。分裂は矛盾する態度や感情を意識から追い出しておいて他の人に投影することで、ひとつの態度や感情を維持することを可能にします。分裂の過程はしばしば集団において作動していることが観察できます。集団全体がある程度抱いているさまざまな感情を各派閥が表出していることがあります。このように対立する感情を分離したままにしておく傾向は、それらが別々の集団で分担されていることもあれば、個人の心の中で分裂されていることもありますが、内的な葛藤を避けたいという願望から生じているのです。

迫害的不安とそれに対する防衛を理解していると、見立てにおいて役に立ちます。クライエントがそういう原始的な不安とそれに対する防衛にどの程度支配されているのか、クライエントの環境への関わり方にそういった不安や防衛がどのくらい影響しているのかを自問するとよいでしょう。もしクライエントがここで述べた不安や防衛に沿った振る舞いを主にしているとすると、それはクライエントの情緒的未熟さを知る手がかりとなります。

第二章　大人、子ども、乳児における抑うつ不安とそれに対する防衛

「抑うつ」という言葉の意味

「抑うつ（depression）」は、さまざまな苦痛な感情状態について使われる包括的な言葉です。一時的な「落ち込んだ」気分を指すこともあれば、多かれ少なかれ永続するみじめな状態を指すこともあります。みじめな感情は、これといった理由もなく起こることもあれば、特定の状況で生じることもあります。分かりやすい例では、男の子が今描きあがったばかりの絵を破いてしまい、「全然だめだ」とこぼしている様子が挙げられます。あるいは、片隅でしゃがみ込んで泣いている少女が、お母さんは十五分したら戻ってくるからねと言われていたにもかかわらず「お母さんが行っちゃった。もう帰ってこない」と言っている様子が挙げられます。

クライエントは、「私が困っていることをあなたに話して何になるんだ。誰も私のことなんか解りっこないし、助けられっこない」と言うかもしれません。この場合、心理援助者は絶望感と自分が役に立たないことを感じさせられます。私たちは、クライエントがどうすることも決断することもできないと感じる、抑うつのぶり返した時期を相手にしているのかもしれません。あるいは、軽々しい自信過剰な時期に時折取って代わる、すさんだ悲観的な気持ちを相手にしているのかもしれません。もっと極端な形では、抑うつは自殺と結びついていますし、他方で身体的心理的機能の低下と結びついています。

その重篤さや持続の程度はさまざまですが、こういった苦痛な状態に共通するのは、自分自身や他者の中に良いものがあるという信念が欠けていることです。そういったみじめさは希望がないことと関連しています。この状態はどのようにして起こったのだろうかとか、希望を攻撃しているのは何なのだろうか、などと私たちは自問することでしょう。抑うつ感情の性質について考えるにあたって、一つの事例をみてみましょう。

苦悩するクライエント

児童養護職員がO夫人を訪ねたのは、生後九カ月になる娘を養子に出したいという申し出を検討するためでした。児童養護職員が感じたところでは、この母親は温かい人柄で、家庭生活も快適にきりもりすることができているようでした。O夫人は、夫や他の二人の子どもについてとても愛情深く話しました。彼女は気楽に話しましたが、これから述べる話が面談中に明らかになってくると何度も泣き声をあげました。

結婚生活の初めの頃は、財政的に逼迫していました。そして今九歳になっている最初の子どもが生まれると、ますます逼迫しました。夫の仕事での地位が徐々にあがって経済的にある程度安定すると、もう一人女の子をもうけました。子どもたちが学校に行くようになったので、O夫人は、家計を助けるために外に働きに出ました。そうすることで、夫は残業から解放されたのです。実際に病気というわけではなかったのですが、夫の健康が気がかりになり始めていました。

その後、O夫人は再び妊娠していることに気づき、うろたえました。もう子どもをもうけるつもりはなかったのです。それに、赤ちゃんが生まれるとなると仕事に出ることができなくなります。それでも、徐々に子どもが生まれることについて受け入れるようになりました。「やはり、男の子がいるのもいいものだろう」と信じていたのです。出産の一カ月前に、O夫人は双子を身籠もっていることを聞かされました。彼女は激しくショックを受け、そのことを受け入れることを拒絶し、赤ちゃんは一人だけだと言い続けました。

双子が生まれ、力強い方が男の子で母親の隣のベッドに寝かされました。そのためO夫人は授乳することができましたし、その子の面倒をみるのも喜ばしく感じました。双子のもう一人の方は、低体重で弱々しい女の子でした。その子はすぐに未熟児室に連れて行かれ、当初は保育器に入らなければなりませんでした。O夫人は入院中一度もその女の子の方に会いませんでした。そして退院するとき、病室から男の子の方だけを連れて出ようとしていると、驚いた看護師がO夫人を止めて、「娘さんには会いに行かないのですか」と聞きました。O夫人は、ぼうっとなるように感じたそうです。女の子の方のベッドに連れて行かれましたが、その赤ちゃんに近寄ることが全くできませんでした。そこで、看護師がその赤ちゃんをお母さんの腕にしっかりと抱かせました。O夫人が話してくれたところによると、「その瞬間、気絶しそうに感じた」そうです。彼女はもはや立っていられなくなりました。どうやってその赤ちゃんを落とさずにすんだのか分からないそうです。

その後O夫人は、病院からその女の子を引き取るのを拒否しました。数週間にわたって説得がなされましたが、やはり拒否しました。O夫人が苦々しい様子で報告してくれたことによると、医師は「しっかりしなさい、これまでの母親の経験もあるのだから他の子同様この子も愛すべきだ」と彼女に言ったそうです。自分がどう感じる**べき**かなど言われたくなかった、と彼女は言っていました。そんなことは十分に分かっていましたが、自分自身でもなぜ他の子に向けるような愛情がその子に対して持てないのか、どうしても分かりませんでした。

最終的にはその赤ちゃんが生後六カ月になったとき、O夫妻はその子を家に連れて帰りました。O夫人はどのようにその赤ちゃんの授乳をし、風呂に入れ、服を着せたのか説明してくれましたが、それはできる限り素早く指先だけで軽く行い、絶対に必要な場合以外にはその子にもその子の服や食べ物にも触れないようにするというものでした。O夫人はその子の服のリボンを結びませんでしたし、乳母車には注意深く覆いを掛けましたし、双子の男の子とは外出するものの、この赤ちゃんについては、できるだけすぐにそして頻繁に近所の人や夫に預けました。この女の子については、扱いやすい子だとしか言いようがありませんでした。たとえば、よく泣くとか食べ物を受けつけないだとかいう話はありませんでした。O夫人が気持ちを込めて語ったところによると、彼女は何度も夜にその子のベッドの傍らで跪き、この赤ちゃんに対する愛情を自分にくださいと泣きながら祈ったそうです。けれども、決してその祈りが届くことはありませんでした。

この時期を通して、夫はこの母親と赤ちゃんを世話することにおいて辛抱強く、できる限りの援助をしていました。夫は女の子を養子に出すという夫人の要求に反対していましたが、ここまでくるとこれ以上妻が苦しむのに耐えられなくなり、妻と他の子どものためなら養子に出すことが結局のところ唯一の解決策なのではないかと感じるようになりました。この赤ちゃんにも愛される機会が与えられるべきだと妻が心から感じていることは、夫にも分かっていました。

この話が心を打つのは、この女性の内的な苦闘を私たちが身にしみて感じるからです。繊細な聴き手であれば抑うつに陥った人に対しては被害妄想的な人に対してとは違ったふうに反応します。これは注目すべきことです。被害妄想的な人が経験する恐れや感情は、私たちを危惧させ、その人の住んでいる地獄について憐れみや心配を引き起こします。その一方で抑うつに陥っている人の場合、私たちは、その人が巻き込まれている悲劇について意識させられます。O夫人のように抑うつに苦しんでいる人は、自分に愛する**能力がない**と訴えますけれども、私たちは抑うつに陥っている人の中に愛の可能性を感じ取ります。O夫人は、他の子どもについては愛することができているようにみえます。それに夫の健康についても気遣うことができていましたし、夫の健康への心配も彼女がそれ以上子どもを望まなかった理由の一つでした。妊娠に初めはうろたえたものの、そのこととも折り合いをつけることができ、双子の男の子の方とは愛情ある関係を結ぶことができました。さらに、双子の女の子の方との関係も強く憎んでいるような関係であるという印象はうけません。むしろ、O夫人は、自分の敵意がその子を最終的に傷つけてしまうのではないか、毒を盛ってしまうのではないか、窒かと恐れているのです。彼女は自分が赤ちゃんを落としてしまうのではないか、毒を盛ってしまうのではないか、窒息させてしまうのではないかとはっきりと感じています。そして、そうなることを防ぐために、軽くしか触れたり世話したりしないようにし、リボンも結ばないようにもし、他の人に赤ちゃんを預けることで赤ちゃんを守ったのです。彼女は、愛情から赤ちゃんに積極的に危害を加えるのを思いとどまっているのに対して、憎しみから赤ちゃんを愛することができないのです。彼女が陥っていたのは、こうした袋小路なのでした。

抑うつ不安の定義

O夫人と（前章で取り上げた）B夫人を比べてみると、すぐに一つの違いが明らかになります。B夫人が何にもまして自分の安全を心配していたのに対して、O夫人は、自分の憎しみが赤ちゃんに及ぼす影響を心配しています。B夫人は、破壊を含んだ恐ろしい外の世界を恐れていました。その一方で、彼女と彼女の家は、「安全で良い」とされていました。O夫人は、自分の破壊性、つまり彼女の内側から生じる危険について気がついています。このことが、二人の違いなのです。被害妄想的な人物は攻撃性を投影しますが、抑うつに陥っている人は自分の持って生まれた破壊性を自分自身に引き戻し、自分の大切な人びとにそれが及んだり及ぶ可能性があることを恐れるのです。そこから見てとれることは、**抑うつ不安はアンビヴァレントな葛藤、すなわち同一人物に対して経験する愛と憎しみとの葛藤から生じる**ということです。

先ほどの、何が希望を攻撃しているのか、という問いに答える時がきました。抑うつに陥っている人は、愛する能力の強さに対する信用を失ってしまっているのです。そして愛よりも破壊性の方が力を持っているので、自分が大事にしている人を守ることができないか、あるいは守ることに失敗してしまったと感じているのです。けれども、どのようにしてそういった状態が生じるのでしょう。それは、前章で取り上げた良いものを理想化する感情とは全く対照をなしています。

乳幼児期における抑うつ不安のルーツ

子どもの母親に対する関係からはじまり、人の他者に対する関係が成長していくのをみてみると、世界は初めのうち白か黒か、素晴らしいか恐ろしいかという点から経験されるといえます。生命、安全、希望を表す理想化された母親と、痛みや苦しみを与え、生命を脅かす邪悪な母親というふうに経験されるのです。さらに進むと、子どもは外界の理想化されたパートナーにしがみつきます。そしてこの理想的な関係を取り入れることで、害から自分を守ってくれる理想的な母親を心の中に確立するのです。

白くも良くも見えず、世界と自分に残されているのは退屈な灰色だけで、そのことが未来への見通しを曇らせている。そのように感じる人の心の構造において何が起こっているのでしょう。O夫人からは、白と黒、良いと悪いとが混乱している印象は受けません。むしろ、愛と憎しみとが二つの正反対の力のようにして向き合っていて、互いに動けず、遮り合っている印象を受けます。このような袋小路にいて、その人は動きがとれないと感じるか、あるいは破れかぶれの行動に訴えるかもしれません。

赤ちゃんの母親への関係が発展していく様子をみていきましょう。クライン（Klein, 1948）は、次のようなことが起きていると考えています。乳児の破壊性や恐れを母親がうまく処理し、包容する体験が繰り返されることで、乳児は良い母親の力に信頼を寄せるようになります。乳児は、この良い母親を自分自身の内側に確立するのです。言い換えると、強い良い母親を取り入れる、あるいは摂取するのです。攻撃性を恐れることが少なくなってくると、攻撃性を投影する必要が減じ、自分の破壊性をいくらかは包容できるようになってきます。迫害されることが減ってくるので、母親を理想化することも減って、徐々に母親のことを普通に良いと見ることができるようになります。抱いていた理想的に素晴らしいか凄まじく恐ろしいかという考えは極端さが減って、良いと悪いに置き換えられます。そのことは母親に対しても自分自身に対しても当てはまります。けれども、依然として良い感情と悪い感情は二人の別々の人物に向けられているように感じます。食べ物や慰めを与えてくれる良い母親を愛する一方で、欲求不満や害を与える悪い母親を憎むのです。

やがて愛する母親と、激怒と怒りと嫉妬心で攻撃していた母親が同一人物の異なる側面であることに気づくときが訪れます。この時になって、憎み攻撃してきた当の人物が、生きることや愛情を得るために依存してきた人物にほかならない、というジレンマに乳児は直面します。さらに、理想的な母親は傷つけられることのない者だと感じられたのに、ただの良い母親は弱さという人間的な性質を持っているのです。そのような気づきは、強烈な情緒的痛みをもたらします。というのは、乳児は、現実や空想の中で憎しみによってその良い母親をすでに傷つけてしまっているか、この先傷つけ、破壊するのではないかと恐れるからです。あるいは、自分の貪欲な要求によって、母親の強さや栄養が使い尽くされてしまっているのではないかと恐れるからです。クラインはそういった**愛する人の安全と健康に対する不安を抑うつ不安**と呼んだのです。

その段階にある子どもには、母親が一緒にいてくれて、実際に母親は大丈夫なのだと確証してくれることが必要です。というのは、母親が不在であると、空想の中で感じるのと同じように、母親は病気なのではないかとか、死んでしまってもう会えないのではないかと恐れるからです。母親が世話してくれる人物として再び無事に現れること、おっぱいがまだお乳を与えてくれること、手が汚物を取り除いてくれること、目が関心や愛情を向けてくれること。これらのことは、自分の破壊性が怪我や死を引き起こしてはいないということを乳児に確証してあげるために必要なことです。このようにして、乳児は攻撃され傷ついた内的な母親とそれよりも回復力のある外的な母親との区別を学び、空想あるいは内的現実と外的現実との区別を学ぶのです。

抑うつ不安は、離乳の時期に特に強くなります。赤ちゃんは、自分がおっぱいを飲み干してしまったので母親が授乳をやめるのだと感じるのでしょう。あるいは、自分が危険すぎるので、おっぱいを取り去るのだと感じるのかもしれません。同様に、抑うつ不安を持つことができるクライエントは、自分の不安や欲求によって、心理援助者に負担をかけているのではないかと心配します。たとえば行き過ぎた要求をしたり、疲れ果てさせたりするなどして負担をかけているのではないかと心配するのです。心理援助者が仕事を辞めたりしたら、自分が疲弊させたからではないか、負担をかけすぎたからではないかと恐れ、あるいは疑ったり攻撃したために、心理援助者が抱いているクライエントを援助することができるという思いを損なってしまったのではないかと恐れるのです。

さらに抑うつ不安が起きると、罪悪感、悲嘆、悲しみがもたらされます。そういった感情が生じると、最終的に愛する者を傷つけたくない、すでに与えてしまったダメージを修復したいという願いがもたらされます。母親を傷つけたくないという強い思いから、赤ちゃんは授乳を待つことを始め、時には自ら離乳を始めることさえします。括約筋をコントロールすることを覚え、強い不安を感じても母親を自由にさせておくことができるようになります。クライエントの場合なら、約束の時間まで自分の困った問題を抱えていられるようになり、心理援助者の果たす役割の限界を尊重することができるようになります。しかし、危害を加えないようにする試みや、怒りや嫉妬心をコントロールしようとする試みにもかかわらず、破壊的な感情は存在し続けます。たとえ昼間にコントロールできたとしても、寝ている間に再燃するのです。

愛する人が繰り返し攻撃されているという悲しみの感情からは、与えられたダメージを内的にも外的にも修復したいという願いが生じます。そのような償いは、さまざまな形をとります。たとえば、赤ちゃんならば、母親のおっぱいを撫でたり、母親に微笑みかけたり、食べ物をあげるのを望んだりします。もう少し大きくなった子どもなら、母親の手伝いをしたがったり、建設的な遊びに没頭したりします。学童期の子どもなら、よく勉強し始めたりしますし、大人の場合は、建設的な仕事に従事したり、現実において創造的な仕事をしたりするだけでなく、さまざまな思いやりのある考えや行為をしたりすることの中にこのような修復の願いは現れます。このように、償いたいという願いはスキルや興味の発達を刺激するのです。

そのような発達は一直線に進むわけではありません。抑うつ感情は極めて苦痛なものなのです。なぜなら、抑うつ感情には、憎しみの前では愛情が生き残ることができないのではないかという疑念が含まれているからです。自分の良さにまつわる痛みと疑念は、容易に絶望へとつながるのです。それは、愛する人を自分は守ることも回復させることもできないのだという絶望です。罪悪感による痛みを避けるために、子どもでも大人でも自分が破壊的だということを否認しようとします。自分は「そんなんじゃない」と言い張るかもしれません。つまり、自分自身の悪い部分を意識から分裂排除したり、それを他の誰かに投げかけたりすることで、自分の悪い部分に再び対処しようとするのです。ここには責任を負わされているという感情が認められます。実際、責め立てられているときには、人は攻撃し責めることができる他の誰かを捜すものです。「これはみんな有色人種の移民たちのせいだ」「学校の落ち度だ」というように、攻撃し責めることができる他の誰かを探すのです。そのほかに、与えた害を否認することもあります。「それがどうかしたの？　私にはどうでもいいことよ」と、窓を割った子どもが言うのがそうです。あるいは、ある少年の例のように特定の人物の価値が否認されることもあります。その少年は大好きな父親を亡くしたすぐ後に、「次のお父さんはいつ来るの？」と元気よく言いました。ある特定の関係の独自性の否認、責任の否認、与えた危害の否認といった態度は、「躁的防衛（manic defence）」と呼ばれます。なぜかというと、そういった態度は耐え難いと感じられる抑うつ感情から離れ、陽気さや「軽率さ（careless-ness）」へと逃げ込んでいるからです。この状態が永続すると、配慮（care）や気遣い（concern）がないことが無神経さにつながり、時に他人の命や財産や感情の価値が否認されるという精神病質的な行動へとつながります。

全く別の態度がO夫人にはみられました。そこには、心配し、憎しみと苦闘しつつも、赤ちゃんと良い関係を持つことができないでいる女性の姿がみられました。O夫人の事例と次に述べる事例において、抑うつ的な葛藤をなんとか解決することを妨げる要因をいくつかみていこうと思います。

さまざまな抑うつ不安：抑うつの痛みを耐えることができないこと：うつ病

双子の片方の拒絶

O夫人は、なぜ女の子の方に対して愛情を抱くことに失敗したのでしょうか。その答えが複雑なのは疑いありません。この事例ではいくつかの要因しか分かりません。私たちが知っているのは、新たに妊娠したことによって彼女の働く能力が脅かされ、それによって夫の健康も脅かされることになるとO夫人が感じたということです。このように、初めから新しい赤ちゃんは望まれていないと感じられ、それまでの生活を台無しにしてしまう悪い赤ちゃんで、夫人の心配を大きくするものだとある程度は感じられていました。

O夫人は自分のアンビヴァレンスを処理するのに、男の子の方を愛することにすることにして対処しました。たぶん彼女は、その男の子の方に夫や家族をゆくゆくは助けてくれる可能性をみたのでしょう。双子を身籠もっていると知ったとき、彼女のアンビヴァレンスはもう一人の赤ちゃんの否認へと変わりました。つまり、彼女の心の中、空想の中でもう一人の赤ちゃんは抹殺されたのです。双子が男の子と女の子だったという運命のいたずらが、空想に流れ込んできました。望まれていない悪い赤ちゃんに対するO夫人の感情はそのとき完全に分裂排除されて女の子の方に投げかけられたのです。さらに、その子が弱かったことから、O夫人が感じたのは、その子を殺したいという自分の考えが赤ちゃんの大きさや健康に影響を与えたのだということでした。出産後すぐにその赤ちゃんに会う機会がなかったことで、その子は実際に死んだのではないかというO夫人の疑惑は大きくなったに違いありません。その子に会う機会が与えられた時も、彼女は赤ちゃんの顔を見ることがほとんどできませんでした。この母親にとってその子との対面は、殺したいという考えを抱き、その結果として極度の罪悪感を感じることになった赤ちゃんとの対面を意味していました。憶測ですが、O夫人の愛する能力を阻んだのは、無力で弱々しい赤ちゃんに向けられた罪悪感であり、それを修復することはできないのではないかという思いだったのでしょう。しかしながら、この母親についてもっと知るまでは、こうであると確信を持って言うことはできません。この事例に関連するような不安を解明するのに役立つことを期待して、私が治療に当たった、似たような事例の経験を提示しようと思います。

P夫人は双子の女の子の若い母親でした。双子は二人とも生まれたとき低体重児でした。姉のパメラは、妹のポーリンよりもずっと体重があり丈夫でした。一方、ポーリンの体重は、たったの三ポンド（約一三六〇グラム）でした。二人とも三時間おきの授乳が必要でしたが、ポーリンは最初おっぱいを吸うことができなかったため、ピペットで一滴ずつ授乳しなければなりませんでした。母親は、自分がポーリンを愛することができるかどうか非常に疑わしく思っていました。ポーリンが泣くと彼女は逆上して、ポーリンをなだめることができませんでした。けれども、ポーリンが少しでも物音を立てていない時の方が、さらにひどいものでした。その子が死んでしまったのではないかと恐れて、ベッドに駆け寄って息をしているか確かめるのでした。双子について話すとき、パメラの方は必ず名前で呼ぶのに、ポーリンのことは「それ」とか「双子の片割れ」と呼びました。ここから分かることは、彼女はポーリンのことを人として、生きた子どもとして感じていないということです。最初から期待せず愛情も掛けなければその赤ちゃんは死ぬのだろうと予測していて、その予測された死の痛みからP夫人は自分自身を守っているようでした。

治療の中で、私は、その母親によって二つの違った役割を割り当てられていることに気づきました。ある時には私は有能でしっかりした理解ある人としてみられることもありました。しかし別の時には、特に面接を始める時や休暇の後、それに私が退屈している様子を彼女が感じ取った時には、私は彼女の問題を背負ってはいけないくらい弱い人としてみられました。彼女はある意味でこちらを疲弊させる患者でした。彼女が重要な情報を言わないので、私が苦労する羽目になることがしばしばあったのです。そのために私は、彼女ができる分の仕事までもすべて自分がやらなければならないと感じました。ときには、特に面接の終わりになって彼女は多くのことを言って私を圧倒したので、彼女の言ったことのうちのいくつかを理解して解釈し、残りを次の面接まで保持しておくのに非常に苦労しました。

彼女は面接が始まったときには話し始めるのが難しく、終わりになると話し終わるのが難しかったのです。ときどき面接を延長してあげたくなりました。なぜなら、一仕事終えないままでは放り出すわけにはいかないという印象がその患者からは伝わってきたからです。このことについて、彼女に対して次のような観点から解釈しました。「私は治療者（母親）であり、あなたは自分の問題や面接の終わりになって生じる厄介な混乱を私の心（乳房）の中に流し入れています。そのため、あなたの流し入れたものは私と一緒に残されていることになる。そして次の面接の始めにあなたは私に話すことができなくなる。というのも私のことを疲弊した母親としてあなたは体験しているのだから。疲弊しているのは、あなたのかわりに私が多くのことを一時的に背負うように求められているからであり、文字通りあなたによって私が占領されているからです。そうなると、あなたは次に会うまでに私が回復する機会がないのではないかと恐れるのでしょう」と。事実、面接のちょうど終わり頃にこの患者から複雑な夢を報告されることがしょっちゅうあったので、私は他の患者や他のことのために頭を自由に働かせることが難しく感じていました。

私がインフルエンザに罹ってしまって、何セッションかを休まなければならなかったとき、P夫人は治療を再開しにくく感じました。治療はたぶん何の役にも立たないと彼女は言いました。いずれにせよ、彼女は赤ちゃんのことで忙しかったし、経済的な負担も大きかったのです。彼女との以前の面接作業から、**私の**努力に**自分が**値しないのではないかと彼女が恐れていることを私は確信していました。なぜなら、私の援助にもかかわらず、自分は十分にはよくなっていないと彼女が感じていたからです。さらには、私が病気になったことで、彼女によって私が疲れ果て、過度の負担を背負っているのではないかという恐れは強まりました。これらの不安を解釈すると、彼女は泣いて、とても安心し、分析作業に対する肯定的な感情が以前よりも強くなりました。（私の患者は、その間に母親に自分の小さい頃のことを尋ね、彼女が生まれてから数カ月の間、母親はしばしば疲れて落ち込んだ気持ちになっていたことを知りました。事実、母親は赤ちゃんから離れて休みを取るようにアドバイスされましたが、赤ちゃんとともに過ごしたのでした。）

私が病気になったすぐ後に、患者は次の夢を報告しました。実がなっている梨の木が二本ありました。彼女は立ち止まってその美しさに見とれ、なんておいしそうにみえるのだろうと考えていました。駆け寄っていって、はやる思いで梨の実をもいで口に入れました。けれども彼女がそうすると、梨の実はしぼんでしまって、その木になっている他の実までしぼんでしまいました。もう一本の木の実も影響を受けていましたが、同じほどではありませんでした。次に、その二本の木の前で女の子が二人遊んでいるのを見ました。一人は痩せて青白く貧弱にみえました。もう一人はまるまるしていて、健康な顔色をしていました。この内面を映し出した夢の中で、私と母親について抱いている二つの感じ方をP夫人は伝えてくれていたのです。すなわち、充満した美しいおっぱいと、傷つきしぼんだおっぱいです。さらに、その夢は、一方からもう一方への変化がどのように生じるのか説明してくれています。欲している実（おっぱい）に突進して口に入れるという荒々しく貪欲なやり方こそが、実を痩せさせ、しぼませていたのです。（私への転移の中で、面接の始めに彼女が話しづらかったのは、私の中に荒々しく押し入り、私をしぼんだ対象にしてしまうことに対する防衛だったのです。）この感情は、一方の梨の実、つまり一方のおっぱいに留まっています。赤ちゃんのとき、荒々しさによって取り去られてしまったのは初めに差し出されたおっぱいであり、いったん空腹が満たされると二番目のおっぱいにはより穏やかな気分で近づくことができるので、苦しむことも少なく感じ、おっぱいの丈夫さをより多く保てるように感じたのだと仮定してもよいでしょう。

また、この夢で明らかになっていることは、二つのおっぱいと、二人の少女つまり彼女の双子の娘との結びつきです。双子の娘は、P夫人の中のある部分ではあたかも母親の弱くて傷ついた片方のおっぱいと、頑丈なもう一方のおっぱいのように体験されているのです。弱々しい方はひどく傷ついていると感じられていたので、P夫人はその子を生かしておくことが自分にはできないのではないかと思っていたのです。赤ちゃんだった時に母親が疲弊し抑うつ的だったことで、自分がとても貪欲なのでその消耗に耐えられる人は誰もいないのではないかという恐れが強められたに違いありません。関係性のこのような側面に対して洞察を得ると、彼女のポーリンに対する感情は劇的に変化しました。いまやP夫人は、赤ちゃんだったときの母親との関係と、赤ちゃんの母親になるというより成熟した能力とは別のものなのだと認識することができるようになりました。そうすることで、彼女は特別な優しさをもって子どもを愛することができたのです。

P夫人の母親との関係にまつわる感情を赤ちゃんが呼び起こしたというのは、奇妙に思えるかもしれません。しかしながら、あらゆる経験は心の中に蓄積されるという事実を受け入れるとすると、人生の最初期の経験や関係のあらゆる側面が、後になって、もとの経験に似たような経験や関係のなかに入り込んでくるということがあっても不思議でないといえます。クライン（Klein, 1935）は、この最初の関係における抑うつ的な不安がうまく取り扱われていないと、その後の生活の中でうつ病に罹りやすくなるのだろう、と言っています。

暴行を受けた赤ちゃん

R夫人の生後六カ月になる赤ちゃんは、ひどい痣のため入院しなければなりませんでした。重要なのは、R夫人自身がその赤ちゃんを診てくれと連れてきたのだけれども、赤ちゃんの怪我の責任については初めのうち否認していたことです。児童養護職員の立ち会いのもと、精神科医が会ったとき、その母親はとても自分を抑制し、緊張しているようにみえました。彼女の表情は、仮面をかぶったようで、感情が欠けていました。保護されてから一年後には家に帰っても安全だと考えられましたが、その赤ちゃんは最終的に里子に出されました。その一年の間、児童養護職員が、毎週母親のところへ行って話をしました。

その男の赤ちゃんは、生まれてからひっきりなしに泣いていたことが報告されました。母親がおぶって歩き回ると時々はなだめられましたが、泣きやませる方法がわからないことがほとんどでした。終いには、赤ちゃんの泣き声を聴きたくないので外に出ることもありました、と母親は言いました。「まるでのこぎりで切られるようでした。絶えずあの子が不満を言っているように感じました。私がすることはすべてあの子にとってはよくないのだと感じました。」おっぱいを差し出しても、顔を背けるか、ごくごくと飲んでも後にはほとんど吐き出してしまいました。「それを見ると、あの子に毒でも飲ませているように感じました」と、R夫人は言いました。夫人は、男の子を非常に望んでいました。というのは、それが自分の母親を喜ばせ、母親が男の子の赤ちゃんを亡くしたことをいくらか埋め合わせるのに役立つからでした。R夫人は、母親にその子を育てるのを手伝ってもらいたいと思っていました。そして、公共住宅機関が母親の家の近くにアパートを用意してくれなかったことに対して、腹を立てていました。

ここで、この赤ちゃんが、R夫人の母親への贈り物であることがうかがい知れます。R夫人は弟が生まれたとき嫉妬し、その弟が死んだとき罪悪感を感じたことを覚えています。そのために彼女は、自分の男の子の赤ちゃんを母親と共有することで母親に償いたいと思っていたのです。しかし、その赤ちゃんの育てにくさは、彼女に自分の持つ良いところについて疑いを抱かせました。赤ちゃんは、彼女をあざける糾弾者のように振る舞ったのです。「おまえは、男の子の赤ちゃんを気分悪くさせ、苦悩させることしかできない。おまえのおっぱいは少しもよくない。おまえのおっぱいは小さな女の子のおっぱいだ。何も提供しない、ただうんちやおしっこを提供するだけだ」と。落ち込んだ気持ちでいて、赤ちゃんと自分の母親のことが気がかりだったので、その子の拒絶は、彼女の優しい気持ちを徐々に耐え難い絶望に変えていき、ついには憎しみにまで至らせました。初めのうち、彼女はこの「迫害者」から逃げようと試みましたが、最終的にその子を壁に打ちつけ、半死の状態にまですることで、その子の糾弾する声を黙らせたのです。

この症例には、自分が十分ではないという抑うつ感情が、それを確証するような経験によって強められる様子がみられます。私たちは自分を非難する者を憎み、避けたり逃れようとしたりするものです。また、うってかわって非難する者を非難したりするものです。私たちの内面では、自分の価値や良さ、建設的な能力についての疑念が多かれ少なかれ意識されているものですが、誰かによる非難はそのような内面に共鳴するのです。したがって、自分の行為や行動や考え方に対して疑問を投げかけられたり認められなかったときに、自分がどのように振る舞うのかを考えてみることは有益なのです。自分を守ろうとするときの激しさには、背後にある自分自身の不確かな気持ちが示されているのでしょう。そのほかに、私たちは批判する人を避けたり、反対にその人が間違っているという状況にもっていこうとしたりします。そうすることで、その人の言うことにも一理あると気づくのを回避することができるからです。たいていは、安心させてくれたり、自分のことを良いとか大切だとか感じさせてくれる仲間を求めることが多いでしょう。

親密な家族関係の中では、情緒的な葛藤から逃れたり、情緒的な葛藤を回避したりすることはほとんど不可能です。殺したいとか修復したいと思うような憎しみと愛のドラマのほとんどが実演されるのは、親密な家族関係の中でなのです。

捨てられた赤ちゃん

保護観察官が服役中のＱ夫人を訪ねました。Ｑ夫人は電車の駅の待合室に、生後十四カ月になる三番目の子どもを置いていったのです。待合室だったら、その女の子の赤ちゃんを誰かが連れて帰って世話してくれるのではないかと期待したのです。Ｑ夫人はその子が自分の他の子どもたちとは違うと感じていました。また、その子を満足させてあげることができませんでした。「あの子は食べ物を拒むし、泣きわめき、拳を握りしめて座り、よく私に噛みつきました。私は、あの子のうんちのにおいに耐えられませんでした。」Ｑ夫人の他の子どもは男の子でした。そして、彼女自身は自分の方の家族の中では、たった一人の女の子だったのです。兄たちとは、熾烈な荒々しい競争をしていたことを彼女は覚えています。そして、兄たちの方が両親にずっと好かれていると思っていました。五歳の時、彼女は母方の祖母の元に預けられました。というのは、上の兄と母親が結核に罹ったためでした。

面接の中でQ夫人が伝えてくれたのは、彼女が追い出されたのは、彼女が噛みついたりお漏らししたりすることから母親や兄の身を守るためだったのだと彼女が感じているということ、自分のせいで母親と兄は病気になったのだと彼女が感じているということでした。思い出すことができる範囲で、彼女は他の人の健康についてずっと心配してきました。そして、何年もの間彼女の母親が死ぬのではないかと思ってきました。Q夫人が娘を捨てたのは、自分自身の有毒で噛みつくような部分を捨て去ろうとする試みだったのだとみることができるでしょう。彼女は「噛みつく、臭い」娘を持つまでは、自分のそのような部分について子ども時代以来一度も考えたこともありませんでした。この「女の子の部分」は、他の家族にとって非常に危険なものなので、家族の輪から追い出してしまわなければならない、と彼女は感じたのです。ここにみられるのは、その母親の心の中では、赤ちゃんと、自分自身の中の赤ちゃんの部分とがごっちゃになっているということです。そして、家族のことや、あるいはむしろQ夫人の内的な自己を考慮した場合、その赤ちゃんの部分は抑うつ不安を引き起こす元になっています。そして認めがたい悪いものとして、認めるには不安が大きすぎるものとして排出されているのです。

このように自己の悪い部分は、「良い」母親や家族を救うために分裂排除されているのです。

問題家族

Yさん家族は、廃屋の地下室に住んでいました。四部屋を使うことができましたが、家族七人は実際には一部屋に暮らしていました。その部屋には薄暗い灯がともっているだけで、他の部屋はまっ暗でした。寝具類は薄汚れていて、いい加減なものでした。床には食べかすや灰や紙切れが散乱していました。父親は、たまにしか働きませんでした。病気の発作が起きると、そのあと長い期間ベッドで寝続けましたし、職場を変えるたびに病気になるのでした。母親は、栄養不足で疲れ果てているようにみえ、ときどき家族の食事を作る気も起こらなくなりました。こういった状況にもかかわらず、彼女は子どもたちに正午には家に帰ってくるよう言い張りました。一番上の男の子は、窃盗団のメンバーとして捕まり、裁判を控えていました。

同じ時期に、多くの社会福祉機関がその家族に対応していましたが、提供されるサービスを全く利用することができていませんでした。彼らに関わるソーシャルワーカーは、絶望と挫折感を抱かされました。その絶望や挫折感は、その家族が投影してきていることそのものでした。彼らの家を「整理しよう」という試みさえ不毛で、ましてや家族のことや内的世界となると実りは望めませんでした。彼らは、なんとかしようという気もほとんど失っていて、代わりに絶望と無気力を蔓延させていました。しかし、そうしていると、ぐちゃぐちゃな状況は積み重なるばかりで、結局さらに問題に取り組むのが難しくなります。そんなふうに、Y氏は仕事に就いては辞めるということをくりかえしたので、家計は一層悲惨な状況になっていました。Y夫人が家を掃除しないと、ゴミは山積みとなり、その結果いっそう夫人はやる気をなくしました。

さらに、Y夫妻の態度は非難を呼び起こし、多くの公共機関からは警告を受けるようになりました。反対にこのことで、Y夫妻は、自分たちは悪い怠慢な親とみなされ、公正には取り扱われずにいると感じました。たとえば、彼らの息子のジョーには補聴器が必要なので、病院に連れて行って専門家に診せるように母親が要請されたとき、母親は何度も予約をすっぽかしました。彼女が家族担当のケースワーカーに言ったところによると、バス停には行ったけれども、バスが十五分待っても来ないので、家に帰ったのだそうです。いずれにしろ、専門家が言うのは、子どもにちゃんと食べさせていますかということだろう、と母親は思っていました。何度も予約をすっぽかした後、Y夫人は教育委員会からの警告状を受け取りました。それによって彼女は非難され、糾弾されていると感じ、公共機関の人間はいつでも自分に敵対していると感じました。

その家族担当のケースワーカーがその家族を訪問し始めたのは、ちょうどそんな時でした。ケースワーカーは挨拶を受けましたが、それは口を出す権利があると主張する者がまたやって来た、といった疑いのまなざしを持った挨拶でした。ケースワーカーは、敵意が表明されるのをじっくりと聴きましたが、敵意に憶することはありませんでした。また自分は、友好的な気持ちでいると母親に請け合う必要も感じていませんでした。ケースワーカーは、ただ母親に、彼女がどう感じているかは大切にするが、自分の役目はジョーの聴力がどうなっているのか調べてもらうようにすることなのだ、と言ったのです。ケースワーカーが母親と話したかったことは、子どもを病院に連れて行くことができないと**なぜ**感じているのかということでした。このようにして、ケースワーカーは初めから親の役割を確立したのです。つまり、クライエントの感情は考慮するけれども、彼らの福祉のことも考えて、彼らのしてきた**行為**やまだ為されていない**行為**に対して**限界設定をし**、コントロールする親のような役割を担うことになったのです。ケースワーカーは訪問する時間を決めることで、家族のプライバシーを尊重していることを示しました。また、あと九カ月間は定期的に訪問すると伝え、それによって彼らには自分の時間を費やす価値があり、簡単には諦めないと考えていることを示しました。このことは、すぐにY夫妻の中に希望に満ちた感情を芽生えさせたようでした。

　両親に会っているうちに、物質的な援助やアドバイスの提供は、彼らに受け入れられないだけでなく、怒りと抑うつの感情を引き起こすということにケースワーカーは気づきました。これは、軽くみられていると感じるところから生じているとみることができるでしょう。まるでいくらか励まされれば自力でできる場面なのにもかかわらず、手伝われてしまうときの子どものように感じられたのでしょう。その代わりに、ケースワーカーは、彼らが自分で何とかしようと努力するのを助けることを覚えました。ここで思春期の若者と関連づけることもできるでしょう。思春期の若者は、自立していることを望みますし、干渉を嫌いますが、ときには難しい状況に対処することができるよう親がいてくれたり、積極的に手伝ってくれることを必要とします。たとえば、ケースワーカーは、Y夫人が病院に子どもを連れて行けないと感じている理由を知ろうとしただけでなく、彼女が専門家のところを訪ねるのに付き添ったりしました。このようにしてケースワーカーは、親の役割を担って、Y夫人と息子のジョーがこの不安な体験を切り抜けることを援助したのです。ケースワーカーはまた、Y氏が家の壁を塗装するのを手伝い、配管を改善する方法を教えました。けれども、自分に向いた仕事探しに取りかかるのはあくまでY氏の役目としたのです。

数カ月もすると、新しい雰囲気が行き渡ってきました。家はきれいに掃除され、他の部屋も使用されて灯りがともるようになりました。いまや母親は、子どもたちが給食の時も学校にいるのを許しました。それによって、子どもたちは家族以外の人間関係を作ることができました。以前には母親は、子どもたちを自分の周りに群がるようにさせているようでした。というのも、彼らに必要とされている時にだけ、彼女は生きていると感じることができたからです。子どもたちの担っている役割に依存しないでいることは、彼女にとっては拒絶され、望まれず、愛されていないことを意味していました。それは彼女の乳幼児期の感情を甦らせるものだったのでしょう。Y夫人は、生後九カ月は母親の行き届いた世話を受けましたが、その後母親を亡くし、多くの里親の元で暮らしてきたのでした。Y氏はしつけに一貫性のない家の出身でした。彼の父親は、彼を殴ったかと思うと、彼を甘やかしもしました。しつけへの従順か反抗かというY氏の父親との葛藤は、彼の一貫性のない仕事のパターンという形で繰り返されていました。

このようなY家族の劇的な改善が引き起こされた主な要因を探してみると、それは世話をしてくれるケースワーカーとの安定した関係にあったと思われます。そのような関係が示唆しているのは、何にもまして、世話をしてくれ、かつ敵意や絶望しそうな気持ちを受け止めてくれる人が必要だということです。もう一つ必要なことは、怠慢や手抜きが入り込んでくることや、より積極的な破壊的・自己破壊的な行動に対して限界設定を行うことです。そのような着実な配慮は、建設的な修復欲動を助け、支持することになるのです。実際この家族は、他の似た家族のように、自分たちの中にある未開発の力を発見したのです。そして、成功体験は絶望を和らげ、困難を克服する能力があるという信念を強めるのです。

問題家族は、社会のお荷物になっているので、注意を惹きます。しかし、そういった家族がみせる基本的な態度は異常なものではありません。私たちの中には、時間や機会や才能を無駄にしたり、無為に日々を送る傾向があるのです。また、自分には努力する価値がないとか、親や社会は自分のことを取るに足らない存在だと思っているといった感情に甘んじてしまう傾向があるのです。そして、「あきらめて放っておこう」という傾向は、抑うつ感や希望のない感覚を増大させるのです。私たちのほとんどは、償いをする能力が不完全なのです。

抑うつ不安に対処するのを困難にしているさまざまな要因

抑うつ不安に耐えることができなかった多くの事例をみてきました。そしてその結末はうつ病でした。ここでは抑うつを招く外的、内的な要因をいくつか挙げていきたいと思います。

外的要因：

早期の喪失体験　問題家族のところで議論したY夫人は早くに母親を亡くし、この出来事に関連した、拒絶され迫害されているという感情を克服することができないでいました。実際に子どもを捨てる母親は、世話をしてくれる良い母親が存在しているという赤ちゃんの信念を傷つけ、迫害する悪い母親を持っているという感情を強めるのです。それはまた、自分の破壊性は万能であるという感情や、良い母親を取り戻すことはできないのだという感情を助長します。

とても傷つきやすい母親　片方が弱い双子の母親であったP夫人と、自分の母親が結核に罹っていたQ夫人。この二人は、乳幼児期の早期に、抑うつ的だったり、病気だったりした母親に対処しなければなりませんでした。そういった経験によって、赤ちゃんや子どもは、自分が人をひどく傷つけ疲れさせるのだと強く感じるようになります。そのことはまた、自分が他の人を幸せにしたり健康にしたりすることはできないのだという絶望感につながります。P夫人はひ弱な方の赤ちゃんに直面したとき、自分の愛情を引っ込め、その子を生かし続けることができないと感じました。一方でQ夫人は、赤ちゃんを見捨てることで、自分のなかの悪い「赤ちゃんの部分」を取り除こうとしました。

内的要因：

痛みに耐えられないこと　肉体的な痛みと同様、情緒的な痛みを耐える能力は個人によって異なります。抑うつ的な痛みを耐える力がないと、個人は永久に分裂という手段に訴えるようになり、表面的で暖かみが欠けるようになります。また、すぐに被害的になるようになります。

生まれつき愛と憎しみのバランスが悪いこと　愛する能力に比べて憎しみが強いとき、発達の早期の段階で非常に激しい怒りを体験します。現実や特に空想において与えたダメージはそれ相応に大きいものとなり、修復は不可能であると感じられるでしょう。結果として、子どもは、自分が母親に自分に対してすべてを投げ出すように要求したのと同じように、もし自分が母親を大事に思うならば、母親の奴隷になるしかないと感じるかもしれません。子どもが修復を試みても、それは勝ち誇った感じを帯びるかもしれません。たとえば、「やった。お母さんはずいぶん弱いな。いまや僕がお母さんより丈夫で、強い」と。それは逆効果であり、安堵をもたらさないでしょう。

厳格すぎる良心　クラインの論文（Klein, 1933）にあるように、両親のさまざまな側面は、激しい愛と憎しみの強い影響の下で、心の内側に取り入れられます。そのような分裂が、満足を体験するような発達の結果として和らぐことがないと、子どもは内的世界の中に、愛情深い内的人物像と強制的な性質を持った内的人物像とを持ち続けることになります（Rosenfeld, 1962 を参照）。悪い両親が懲罰的なのはもとより、理想化された良い両親も、子どもにとっては、理想的になるように要求してくると感じられますし、パーソナリティの悪い側面に対して非常に批判的で否定的なものとして感じられます。このことから、罪悪感による迫害という感情がもたらされます。威圧的に糾弾してくる内なる声から逃れるために、子どもは非行のような反抗をするかもしれません。あるいはそれが暴力や殺人にまで至ることもあるでしょう。たとえば、先に述べた、暴行を受けた赤ちゃんの母親は、赤ちゃんを壁に打ちつけることで、赤ちゃんが発する糾弾の声を取り払おうとしていました。そうした罪悪感による迫害は、自殺につながります。その場合、自殺とはこの内なる不満の声を殺すことなのです。

抑うつ葛藤がうまく乗り越えられたときの産物――他者への思いやり

もし個人の資質がほどよくて、関係もほどよく安定しているのならば、同一人物に対する愛と憎しみの抑うつ的な葛藤に対して、悲しみや悲嘆や償いによって取り組むことができます。その後、相対的に成熟した状態へと至ります。すなわち、他者を純粋に自分の役に立つかどうかという観点から見る態度から、自分自身の良い部分に対するのと同じように、他者に対しても思いやり深く、気遣うことが主となる態度へと成熟するのです。クラインは、このような不安にうまく対処している局面を、**抑うつポジション**と呼びました。ウィニコットは、この局面によりふさわしく、**思いやりの段階**（the stage of concern）と名づけました。母親と家族への思いやりから、さらに周囲の人びと、共同体、最終的には人類が瀕している状況といったより大きな家族への思いやりが育っていくのです。

迫害不安と同様に、抑うつ不安も私たち全員の中に生涯を通して存在し、現れたり消えたりを繰り返します。抑うつ不安が特に引き起こされるのは、私たちが実際に誰かを傷つけたり放置したりした時や、大切な人が病気になったり死んだりした時です。不在による一時的な喪失にしろ、死による永遠の喪失にしろ、喪失は、愛する人を強い恨みや怒りから守って内的に生かし続ける能力や心や記憶の中に留めておく能力に試練を課します。失望を経験するたびに、私たちは自分の愛する能力に疑いを抱きがちです。また、どんな失敗でも、自分は建設的になることができないのではないかとか、自分の悪い部分が優勢になって、創造的な部分よりも強い姿を見せるのではないかという不安をもたらすものです。

第三章　喪失と喪の悲しみに関連する不安

さまざまな喪失に対する反応としての喪の悲しみ

私たちは喪の悲しみ（mourning）を死別の文脈で考える傾向がありますが、フロイトが指摘したように、喪の悲しみは「愛する人の喪失、祖国や自由や理想など愛する人に代わる抽象的なものの喪失」（Freud, 1917, p. 243）への反応として、その都度生じるものなのです。

ある程度の悲嘆や喪の悲しみは、人生のあらゆる状況の中で起こります。新しい家や地域に引っ越すといった普通にみられる変化でさえも、馴染みの環境を失い、ときには友達との親密さを失うことへの哀しみを含んでいるのです。私たちは新しい仕事へ移るときにも、クライエントや同僚たちと別れる悲しみを経験します。訓練を終えたときには、自分の心を豊かにしてくれた教官たちのもとを去ることを残念に思いますし、彼らのサポートや援助がない中で、どうにかやっていくにはどうしたらよいのかと思うものです。前進することは、喜びや新しい機会を与えてくれはしますが、同時に後ろに何かを置いてくることを意味します。失望と怒りを持って、置き去りにしたものに背を向けるかもしれませんが、過去には大切にしている良いことがある限り、置き去りにしたものを手放すことに悲しみと悼みを感じるのです。思春期に達する子どもでさえも、しばしば子ども時代が終わりを告げることに深い名残惜しさを感じます。中年期には、若さを失うことを嘆き悲しみ、若き日の理想や野心が達成されないまま残されていることを嘆きます。老年期には、精力や機能が失われ、人生が終わりを迎えることを嘆き悲しむのです。自分自身の命や愛する人の命の有限性に向き合うことは、私たちが出会わなければならない多くの喪の過程の中で最も苦痛なものです。

喪において何が起こっているのかをみていきましょう。喪の悲しみは、私たちが誰かを失ったり、会えないことを寂しく感じたり、死に直面したりしたときに経験する感情です。そして、個人によってそれにどう取り組むかは大変異なっています。

喪の悲しみに関するフロイトの見解

喪失に対する病的反応であるメランコリーと呼ばれるうつ病への洞察を得るために、フロイト（Freud, 1917）は喪の悲しみを研究しました。メランコリー心性の際立った特徴は、処罰の期待に通じる無慈悲な自己非難である、とフロイトは指摘しました。フロイトが立てた仮説は、メランコリー患者の非難は、患者が同一化している失われた者に対して無意識のうちに向けられている、というものでした。メランコリーのそのほかの特徴は、正常な喪を悲しむ人にも共通しています。メランコリー患者と健常者に共通する特徴は以下の通りです。

(a)　非常に苦痛を感じる落胆
(b)　外界への関心の喪失
(c)　新たな愛の対象へと向かう能力の喪失
(d)　失った者と関連のある活動から目を背けること

私たちはこの状態の原因をよく知っているので、いずれは通り過ぎ、病気というよりも「正常」なこととして受け入れるのだとフロイトは述べています。フロイトの考えによれば、喪の作業とは、㈠愛する者がもはや存在しないことを繰り返し何度も確かめる現実の検討、㈡多くのエネルギーと時間を費やして愛する人から少しずつ情動を撤退させること、そしておそらく数カ月後には外界に関心を向ける能力や新しい関係を作る能力を取り戻すようになること、の中でなされている作業なのです。フロイトは、苦しみの強さや喪の悲しみに要する時間の長さと、愛する特定の対象との結びつきを手放し難い気持ちとを関連づけました。フロイトが、「喪の作業」には非常に多くの心的エネルギーまたは情緒的なエネルギーと努力が必要とされる、と言っていることを心に留めておいてください。

喪の悲しみに関するアブラハムの見解

メランコリー患者は失った人を内在化するというフロイトの仮説は、カール・アブラハムの論文の中に確証を得ました。しかしながら、アブラハムは、この過程は健常な喪を悲しむ人にも生じているのだと述べています。「喪の過程で慰めがもたらされます。それは『私の愛する対象は消えてはいない。なぜなら、私はその対象を自分自身の中に持ち続けていて、決して失うはずがないからだ』という慰めです」（Abraham, 1924, p. 437）。健常な喪を悲しむ人は、失った者を愛情を持って内的に確立することに成功するが、メランコリー患者は失った者への憎しみの度合いが大きいためにそれに失敗しているのだ、とアブラハムは考えました。喪の作業がうまくいくことは、一般に過去の関係からの解放や離脱とみなされてきましたが、アブラハムはある意味でそれとは全く反対のことから成り立っているとみなしました。すなわち、**外**界で失った者を**内**界でしっかりと築き上げることです。

喪失の内的体験

喪失の内的体験はまさに、私たちが愛し大切に思う人と別れるときに体験することと対応しています。その関係の中で得た良いものを保存するため、私たちは心の中で、つまり内的にその良いものを生かし続けるのです。あるケースワーカーと別れるときの十六歳の少年の言葉に耳を傾けてみましょう。そのケースワーカーが、妊娠のため三カ月したら職場を離れるとジェレミーに告げましたが、その後から彼はケースワーカーに会いに来なくなりました。ケースワーカーは心配し、彼の気持ちを援助する機会がなくなったことを残念に思いました。そして、彼に手紙を書こうかと思案していました。最終回になって彼は現れましたが、そのときはまさに別れを告げるときでした。ケースワーカーとの最後の面接で、ジェレミーは三年前に亡くなった祖父のことを考えているとしきりに話しました。ジェレミーは、夜にベッドの中で祖父と想像上の会話をしていたのです。祖父が言ったことを思い出し、今の問題について祖父だったらどう言うだろうと考えながら会話していました。面接の終わりが近づくと、試験管で赤ちゃんを育てる科学者たちの話をしました。けれども、その科学者たちはボタンを押すこともできて、世界を「一押しで」破壊することができるのだと彼は考えていました。

ジェレミーは、喪失への二通りの対処法を見事に示してくれています。彼は祖父に対する温かい気持ちをとっておくことができます。そのため、愛情と思慕をもって祖父のことを思い出すことができるのです。そのおかげで、彼はかつて祖父がしてくれた賢明な忠告を抱き続けることができますし、今でも彼を助けてくれる内的なアドバイザーとして祖父の言うことを聴くことができるのです。もう一つの対処法は、母親は必要ではないし、赤ちゃんは試験管の中で自力で育つことができると主張することです。ジェレミーの中のこの部分は依存する人間関係から目を背けます。ケースワーカーから目を背けたのも同じことです。そして、別れに際して、（母親としての）ケースワーカーを「一押しで」滅ぼしてしまうのです。

クライン：喪失に関連する不安の乳児期のルーツ

どんなときでも赤ちゃんは母親を必要と感じます。そして母親の姿が見えないとき、赤ちゃんにとって母親は「失われて」いるのです。初めのうち、赤ちゃんの身体的心理的欲求はとても強くて圧倒的です。そのため母親が身近にいて、すぐにでも楽になるのを助けてくれることを必要とします。次第に切迫した身体的欲求に関して母親がすぐに注意を向けてくれる必要性は減っていきますが、心理的な欲求、つまり不安や欲求不満に対する耐えられなさに関して母親がすぐに注意を向けてくれる必要性は増していきます。ずっとおぶって歩き回らないと泣き叫ぶ赤ちゃんがいます。あるいは少なくとも母親の声が聞こえたり、姿が見えていないと泣き叫ぶ赤ちゃんもいます。その一方で、生後三カ月くらいの乳児だと、時折ベッドで幸せそうな様子で、もごもごとつぶやきながら待っていて、母親が戻ってくると微笑みで応えることがあります。

そういった違いはどのように説明されるのでしょうか。満足した赤ちゃんは支えてくれる良い母親を内在化することができていて、母親がいないときでもその良い関係を持ち続けることができている、と思われます。それができるためには、(a)赤ちゃんは良い母親の養育体験を繰り返し受けていなければなりません。このことは提供される母親の養育の性質や、その体験を利用し、良い関係を内的に打ち立てる赤ちゃんの能力によります。(b)赤ちゃんがちょっとした欲求不満に際して心底怒ってしまい、母親がいるときに得た良いものが母親が離れるときに破壊されることがないことが必要です。（ジェレミーの「一押しで」世界を破壊するボタンを参照してください。）

子ども時代の早期において喪失へ懸命に対処した結果は、その後の悲嘆に対する取り組み方を決定します。母親の元を離れることができない子どももいれば、子どもを手放すと拒絶されたとか愛されていないと感じる母親もいます。

あるいは、子どもを手放すと、好ましくないことが自分自身や他の人に起きるのではないかと恐れる母親もいます。そういったしがみつき行動は、愛に基づいているというよりも、敵意やそれによって引き起こされるであろうダメージへの恐れに基づいています。

別れのときにはいつでも乳児的な感情が甦ります。休みの前になると、クライエントが面接を休んだり、約束に遅れて来たり、それまでに確立された関係が壊れてしまうのではないかと怯えたりすることがよくあります。休みがあると落ち込んでしまうと訴えることもありますし、心理援助者は頼りにならなくて思いやりがないと感じたり、困った状態で取り残されることに憤りを感じたりすることもあります。怒ったり失望したりする中で、心理援助者の価値がクライエントの心の中で下げられることもありますし、あるいは自分自身のことを価値のない厄介者だと感じることもあります。ほかの心理援助者に引き継がれるという問題がある場合には、クライエントは自分が心理援助者に何かしてしまったのではないかと恐れることもあるでしょうし、新しい人が処罰的で、厳格な人なのではないかと恐れることもあることでしょう。そこには二人の間で築き上げられてきたことが失われるという本当の危険や気がかりがあるのです。パーソナリティの乳児的な部分は、そのような喪失を、幼児期に生きることを支えてくれた母親や父親を喪失することと同等のこととして経験します。そして、幼児期と同じように置き去りにされて、欠乏、恐怖、混沌、心配に曝されることとして経験します。クライン（Klein, 1963）が指摘するように、私たちは全くひとりぼっちになることはなく、必ず自分の内的世界とともにいるのです。たとえば、寄る辺ない感情や恐怖や惨めさとともにいることもあれば、希望や内的な安全感とともにいることもあるのです。そのような希望や安全感は、愛や良いことの期待に根ざしています。

そういうわけで、良い経験を内在化していない子どもや大人、あるいは別れに際して良い経験を排出してしまう子どもや大人は、迫害不安とともに取り残されているのです。その不安は、母親や心理援助者は愛情も思いやりもなく、苦痛を与え、恐ろしい状態の中に自分を置き去りにするのだ、というものです。より良い関係を経験していても、自分の破壊性の強さを恐れているために、母親の姿が見えなくなると、攻撃したり、傷つけたり、疲れ果てさせたことで母親が失われてしまったのではないかと恐れる人もいます。一方、自分自身の破壊的な部分が統合されていて、パーソナリティの愛情深い部分によって統制されていることを信頼できている場合、その分だけ一人でいることもできます。また、そうした場合、愛する人を気遣う気持ちから、その人が独立した存在でいることを許容することができます。つまり、その人自身のやり方でやっていくことを許容することができるのです。

休暇は、心理援助者の不在に際してクライエントがそのことを納得し、良い感情を保つことができるかどうかを測る機会となります。ほど良い経験が内的に確立されていて、置き去りにされたことへの不安や敵意があまりない場合、不在は発達のはずみとなります。乳児が母親を手放し、遊ぶことで時間を満たすことができることは、その赤ちゃんが離乳できることを示しています。また、子どもが一人でも、他の人とでも遊ぶことができることは、学校へ行く準備が整っていることを示しています。同じように、クライエントが休みの間、心理援助者への良い感情を保ちながらもやっていくことができるということは、良い関係を十分に内在化していて、外的にはそこから自立することができるようになったことを示しています。クライエントは、心理援助者が新しいクライエント（子ども）を持つのを認めることができ、人生経験をさらに豊かにするために自分が得たものを用いることができるのです。

普通に世話されている子どもや赤ちゃんと同じように、クライエントも喪失と再獲得の過程をくりかえし体験する機会を持ちます。つまり心理援助者が、母親や父親のように、自分の怒りや外的、内的な攻撃にもかかわらず、生き残るのを見る機会を持つのです。その結果、クライエントは、憎しみに勝る愛の力についていくらか安心を得ます。また、クライエントは、成長や前進することで親や心理援助者に報いるという償いの機会をも得るのです。

実際に母親から離されるのがあまりに早かったり遅すぎたりして、痛みや不安に直面することができない乳児や子どもの場合、事情は非常に異なります。そのような場合、これまで述べたような安心を得る条件が全く満たされないことがあります。生後六〜八カ月の乳児を対象としたルネ・スピッツの研究（Spitz, 1945）では、その結果として、無気力になったり、病気になりやすかったり、死にさえ至ることが指摘されています。ジョン・ボウルビィ（Bowlby, 1946; 1953）とジェームス・ロバートソン（Robertson, 1958）の幼い子どもの母親からの分離の研究では、子どもが喪の過程を経験する様子が示されていますが、世話してくれる良い人物がいない場合、怒りと絶望によって子どもが次第に愛情深い人間関係に背を向けるようになり、その代わりに物を貪欲に求めるようになることが示されています。これらの研究をクライン派の立場からみてみると、その痛みの痛烈さは、外的な母親の喪失によって、乳児や子どもの持つ内的関係や自分自身の中に良いものがあるという信念が揺さぶられることから生じているのだと言えるでしょう。戻ってきた母親によって安心を得られないと、内的な良い母親もまた失われていると感じられます。そうなると、乳児は迫害と絶望とともに置き去りにされていると感じ、時にその感情がとても大きいため、全く希望がなくなってしまい、生きる意欲を失ってしまうのです。

大人のクライエントでも、面接を終結させる準備ができていない場合、依存する関係を形成してきた心理援助者が去る時に深刻な危機に直面します。クライエントが準備し、終結によって喚起されるさまざまな感情について取り組むのに数カ月は必要とされます。そういった事例を少し詳しく見てみましょう。

関係の終わりを悲しむこと――他の治療者への引き継ぎ

治療者はC夫人と面接を開始する際に、自分が五カ月間しかそのクリニックにいられないと伝えました。そのあと援助がなお必要で、彼女が求めるのならば、同僚に引き継ぐよう準備することになっていました。C夫人はすぐに治療者と深いつながりを持ち、なされている作業を大事なものと感じました。治療者が頃合いを見計らって自分は去るのだと伝えましたが、そのことは全く無視されていました。終了の二カ月前に、治療者が面接を休まざるを得ないことがありました。その次の回の面接で、C夫人は言いました。「このオフィスの中はとっても暖かくて居心地がいいわ。治療者が戻ってきてくれてうれしい。先週（治療者が休んだ金曜日）は是非とも話がしたかった。というのは、雇い主とひどい口論になったんです」と。雇い主は、彼女のことを身なりがだらしなく、仕事もぐちゃぐちゃだと叱りつけました。C夫人はそんなふうに言われるとは思ってもいませんでした。雇い主は「恐ろしく、冷淡で、思いやりがなく、非人間的でした。もし彼が他の人たちから私を隔離して、全くのひとりぼっちで仕事をするように仕向けたとしても、私はちっとも驚きません。」彼女が雇い主に、こんなふうな言い方をされたのは初めてだと言った時、雇い主は答えました。「そろそろ他の人にやってもらおうと思っている。君は全くだめだ。」

それまでも雇い主との間に緊張があったにもかかわらず、以前には彼女はこんなふうに反応しなかったこと、治療者が休んだまさにその日に感情の爆発があったこと、を治療者は指摘しました。そしてC夫人が治療者のことを、冷淡で思いやりのない人だと感じているのではないか、なぜなら治療者は彼女を置き去りにしたのだから、と解釈しました。彼女は治療者との良い関係を安全に保っておこうとして、特に治療者がいないときにそうしようとしていたので、治療者の代わりに雇い主に対して怒りを感じるほうが楽だったのです。C夫人は、治療者に対して怒りを感じていることを認めました。また、治療者が実際に冷酷だと不必要に主張して自分の憎しみを正当化することができるのなら、憎む方が楽だ、そうすればとても大事に思っているまさにその人を自分が憎んでいるという罪悪感を感じなくて済むから、という解釈にもC夫人は同意しました。さらに治療者が示したのは、治療の**外の場面**で不適切な振る舞いをすることは、ある意味で治療者を罰していることになる、というのも、そうすることで自分が受けている治療は悪いと暴露しているのだから（彼女は仕事を休んでクリニックに来ていました）ということでした。これを聞いて、C夫人は黙って考え込みました。それから、自分はせっかちで衝動的なのだと言いました。彼女はこんな良い仕事を得て幸運だと思っていました。もしまた機会が与えられたなら、気を引き締めてがんばらないといけないと思っていました。治療者には、彼女が自分が怒りを爆発させたことを悲しんでいることが分かりました。そして彼女は治療者がのちの治療のために慎重に準備してくれていると知っていたのに、判断を急いだと感じていることも、治療者には分かりました。また、もう機会が与えられないのではないかと恐れていることをC夫人がほのめかしているようにも思われました。つまり、C夫人との作業を引き受けられるような力量のある同僚を、治療者が見つけていないのではないかと恐れていることを暗示しているように思われたのです。治療者は、「あなたがしたくなかった作業は、先週の面接を逃したことにまつわる痛みを経験することであり、治療者との関係の終わりに直面することに関連した感情を感じることなのではないか」と指摘しました。

このような怒りや愛情剥奪をめぐるさまざまな感情、それに迫害や抑うつをめぐって心の作業をするのには、何週間、何カ月間にわたる共同作業が必要です。その作業がなされないのならば、心のつながりは時期尚早に壊れてしまい、引き継ぎは困難になるか、不可能になるでしょう。そういった感情が理解されるのならば、残りの数カ月は非常に実り多いものとなるでしょう。怒りや不安があまり激しくないならば、知らされた期限はより切迫した感じをもたらします。そして関係の終わりによって喚起された不安に対して理解し、建設的に取りくんでいくことを学びたいという願望を刺激するのです。心理援助者は、クライエントが現在の関係の中に生きている、おそらく以前には適切に扱われることがなかった感情と取り組むのを手伝う機会を得るのです。

引き継がれた事例

保護観察官のA氏は、自分が去る時に備えてティムを引き継ぐ準備を長い間していました。しかしB氏が引き継いだとき、ティムは厄介で扱いにくいままでした。何度か面接を休んだ後、ティムは通ってこなければならないことに対して激しい怒りを口にしました。彼が言うには、A氏がそこからいなくなってしまったのはB氏のせいだというのです（継父が、本当の父親を追い出したと責められるのとよく似ています）。「どうしてAさんの仕事を奪ったんだ！」しばらくしてティムは、A氏が優しくて、いい人だった、どうしてA氏が仕事を失わないといけなかったのか理解できないと言いました。B氏はティムに、A氏は昇進したんだよ、と伝えました。それを聞いてティムは本当に喜び安心した様子をみせました。A氏の評判を傷つけてはいなかったということが分かって、ティムは非常に安心したのです。反対に、自分の担当者が実際によりよい仕事に就いたことをティムは誇りに思うことができました。それ以後、彼はより友好的になり、B氏と協力することができたのです。

死別

大切に思っている人が死んだとき、私たちは喪失の痛みと空虚感とともに取り残されます。そしてまた、私たちの敵意や親切にしなかったこと、気に掛けなかったことがその人の死に影響を与えたのではないかという疑念とともに取り残されます。あるいは単純に、その人の人生をより楽に、より幸せにできなかったのではないかという疑念とともに取り残されます。さらに、いたらないところも含めて許されたり愛されたりすることによって慰められることなく、取り残されるのです。それに加えて、愛する人の生きているときにしてあげたかったことを、もはやしてあげることができなくて、ひどく後悔します。自己非難、罪悪感、死者や生きている者から迫害されている感覚が生じます。(どんな喪の中にもある程度はこういった感情が生じます。けれども関係が非常にアンビバレントであった場合、そういった感情はより強く、根強く残り、失われた者との内的な良い関係を再び築くのを妨げることがあります。)

クラインが指摘したのは、その痛みの痛烈さは外的な愛する者だけでなく内的な良い対象をも失ってしまうのではないかという恐れから生じている、ということでした。喪を悲しむ者に必要とされるのは、「外界とのつながりを回復しながらも継続してその喪失を再体験することだけでなく、同時にそのことを利用して、悪化し崩壊しつつあると感じられている内界を苦しみながらも再建する」ことである、とクライン（Klein, 1940, p. 321）は言います。喪を悲しむ者の生きることの土台、つまり支えになってくれる両親や自分自身の良いところが存在しているという信念は揺さぶられ、乳児の時のように混沌の中でひとりぼっちでいると感じます。親しい友達（あるいは心理援助者）が援助することができるのは、良いものがすべてこの世からなくなってしまって、自分はいまや愛されも世話されもせず置き去りにされているという喪を悲しむ者の感情を和らげることです。外的な良い経験を土台とすることによって、喪を悲しむ者は内界や過去を再建し始めることができるのです。

乳児期と同じように、理想化は迫害されている感覚に対抗する方法の一つです。喪を悲しむ者は、死者を理想化することによって復元しようとし、逝った者の良い性質をすべて思い起こすことで慰めを得ます。喪を悲しむ者は、死者を敵意（や内的な破壊性）から守ろうとして、生きている者に対して敵意を向けます。あるいは自分自身に対しても敵意を向けます。愛する者を奪われた自分の状況を、医者や運命や邪悪な神のせいにすることもあるでしょう。それはちょうど、子どもの時に父親が母親を一時的に連れ去ったことを父親のせいにしたのと同じです。

迫害不安が徐々に弱まってくるときにのみ、喪失に対する本物の思慕の念と悲しみが前面に現れ、それとともに涙があふれ出るのです。失われた良い関係に感謝する気持ちから、ついには過去に受けとった愛情を他の人たちに与えることで伝えていきたいという願いが生じることとなるのです。このようにして受けとった愛情と配慮は無駄に使われず、私たちの中で生き続け、他の人たちのために役立てられるのです。

ある未亡人

五五歳になるT夫人は、夫を亡くし、その七カ月後に医療ソーシャルワーカーに紹介されてきました。病院の外来部門の担当者は彼女のことを、情緒的な問題を身体症状で表現している孤独で不幸な女性だと感じました。担当者は、T夫人が励まされて何か仕事を見つけ、新しい興味を持ち始めるようになることができたならば、状態は改善するだろうと考えました。咳が止まないことやさまざまな痛みや疼きを理由として、T夫人は何度も内科医に診察を受けていました。下血して外科医の診察を受けましたが、異常は見つかりませんでした。事故に遭った後は、骨折外来や整形外科に通っていました。

T夫人は全身黒ずくめで、地味で情緒が乏しくみえました。ケースワーカーに対しては警戒していて、自分は仕事に戻るのにはふさわしくないと強調しました。彼女は、「家のなかでぶらぶらしている」のがよかったのです。どういうことかというと、夫がまだ生きているかのように、夫の衣類や持ち物の手入れをして過ごすのがよかったのです。夫の帽子さえもまだ居間のフックに掛けられたままでした。ケースワーカーは、自分のすべきことはT夫人に援助を提供して、彼女に夫のことや過去の生活について話してもらうことだと感じました。そうすることで夫人が夫の死を受け入れ、夫を失ったことを悲しむことができることを期待したのです。T夫人に必要なのは、自分のことを価値があり、大事にされていると感じることであるともケースワーカーは思いました。自分が仕事に就くことに押しやられないことがはっきりすると、T夫人は安心したようにみえました。そして熱心に過去のことを話しに通ってくるようになりました。

T夫人はカトリックの大家族の出身でしたが、ポーランドからのユダヤ人移民の夫と結婚しました。結婚生活は理想的なものとして語られました。彼らは「お互いに相手のために」生きてきたのでした。T氏は数年前に軽い脳梗塞になり、そのあと心臓の問題に苦しみました。T夫人は半日働いて、夫の体調不良からくりかえされる発作にも献身的に夫を看護しました。夫妻には子どもがいませんでした。夫人は一度妊娠したことがあったのですが、流産していました。夫は養子をもらいたいと思っていましたが、夫人は賛成しませんでした。今となっては、夫人は賛成しなかったことに罪悪感を感じています。結婚してから夫人は自分の家族と縁を切っていましたし、夫妻は親しい友達を持たなかったようです。しかしながら夫が死んだ後、結婚している姉と一週間ともに過ごしました。

ここではまず、遺された者にとって必要なのは、話に耳を傾けてもらい、過去を振り返らせてもらえることだということがわかります。ケースワーカーがあれこれしろと言うのでなくて、話を聴くつもりでいることは安心をもたらします。T夫人は夫が死んだという事実を受け入れがたいのだと思われます。夫のあらゆる部分を内的に失ってしまうのではないかと恐れて、外的な夫の所有物にすがりついているのです。T夫人は、夫との間に非常に排他的な関係を持っていたように思われます。それは、夫人が実家との接触を完全に断ち切っていたこと、そしてそれなのに夫が亡くなるとすぐに実家との関係の方に戻ったことからも明らかです。夫との排他的な関係は、友達がいないことからも、養子をもらうことを渋ったことからも分かります。まるで他の誰とも夫を共有することを望んでいないかのようです。そのため彼女の存在は、一人の人物を中心として築かれていて、夫が死んで完全に孤独に取り残されたとき崩れてしまったのです。

すぐにT夫人は、もっと面接回数を増やせないかとケースワーカーに頼みました。面接の終わりには帰り渋り、ケースワーカーに家に訪問してほしいとくりかえし頼みました。こういった行動から、ケースワーカーはT夫人の依存が気懸かりになり、要求に屈してしまったなら要求は際限ないものになるのではないかと恐れるようになりました。

ケースワーカーは初めに決めた設定を維持し、T夫人には興味を持っている夜間学校に行ってみるように勧めました。夫人は、ポーランド語のコースを選びました。そのコースは夫と関連しているものだったので、夫人は喜んで通いました。その後の数カ月間、T夫人の気分は大きく変化しました。洞察に富んでおしゃべりなときもあれば、黙ったままでいて「腐っているように感じる」と訴えることもありました。ケースワーカーは、黙っていることと「腐っているように感じる」のは同時に起こっていることを夫人に気づかせました。この頃、T夫人は病院や医者に対するおびただしい怒りを口にしていました。病院や医者は夫人のことを十分には助けてくれなかったし、手遅れになるまで夫の病気を深刻には取り上げてくれなかった、と。こういった考えは長い間押し殺されてきていたのです。夫人はケースワーカーがどんなふうに反応するのか不安に感じているようにみえました。そして、自分の怒りが受け入れられたとき大変ほっとしたようにみえました。夫人は「空っぽに感じる」ことや「自分の内側が悪くなっている」ことを訴えました。怒りを感じたり、一人でいることで落ち込むように感じるとすぐに、身体症状が悪化することが明らかになりました。特に、もっとうまくやっていこうと一歩踏み出したときに、身体症状が悪化することが明らかになりました。

ここには、夫の記憶を生かし続けたいという願いや、夫やその背景により近づく手段として夫の言語を学びたいという願いが見受けられます。ケースワーカーが共感し続けていると、T夫人は自分の乳児的な依存欲求に気がつき、ケースワーカーの役割の限界がはっきり分かるようになりました。このことは、T夫人の怒りを引き起こしましたが、同時に、ケースワーカーが貪欲な要求には屈しないということで、夫人を安心させる効果をもたらしました。このように関係が十分に安全なものとなったので、クライエントは怒りを口にすることができるようになりました。ここまでくると、かあると思っていた病院について、ケースワーカーが十分にやってくれないことや、夫の死の責任がいくらかあると思っていた病院について、クライエントは怒りを口にすることができるようになりました。ここまでくると、夫人の身体症状は、（独力で切り抜けていかなければならないことからくる）心の中での不在の者への攻撃と結びついているように思われます。その結果、攻撃され、腐りつつある、死にかけの人物を心に抱くこととなっていました。注目していただきたいのは、夫人は攻撃していることで抑うつを感じているのではなく、**自分が**病気であり診てもらうことが必要だと感じている（つまり、その病んだ内的対象に同一化しているのです）ということです。

一カ月後、T夫人は、死んだ夫にさらに近づくためにユダヤ教徒になるべきか、あるいは父親の宗教に戻るべきか考えていました。そのことから、まだ九歳だった時に父親が心臓発作で突然死したことの話になりました。父親が突然倒れて急死したとき、彼女は父親と二人きりで、父親の手を握っていました。父親との関係について感情を込めて夫人は話しました。彼女はその関係をとても特別なものだと思っていました。姉妹が五人いましたが、彼女は父親のお気に入りだと思っていました。父親が死んだとき感じたショックとパニックのことを夫人はケースワーカーに伝えました。彼女はそのことを母親に話すことができずにいたのでした。それに母親がショックから回復するのを助けることでずっと精一杯だったのです。（医者がもう働くべきだと夫人に言いましたが、そのことで、悼み悲しませてくれなかった母親への怒りが惹起されていたのでしょう。）夫人はまた、敬愛していた父親と、同じように敬愛していた夫によって自分が落ち込まされていることに恨みを感じていると表現することができました。この面接の終わりには、T夫人はケースワーカーに感謝し、そのことが話せて助かったと言いました。

ここでT夫人は最近の喪失によって呼び起こされた早期の喪失について思い出しています。彼女はそれまで一度も喪失を十分に悲しむことがなかったように思われます。父親と夫の両方と特別な排他的関係をもっていたと彼女は感じています。母親についてはまだふれられていませんでした。彼女はどの関係も理想化する独占欲の強い人で、落ち込むと他の関係に向かうのだと感じられます。離乳や他の子どもが生まれたとき、急に母親から目を背けるようになったのではないかと推測されます。父親の宗教から離れ、夫が死ぬと元に戻ろうと考えているということは私たちの目を惹きます。同時にこのことは死んだ父親や夫と再び結びつきたいという願いを表してもいます。生きることに向かっていくことが、愛情を現在に転移することで過去の関係を存続させるのではなくて、むしろ敵意を抱いて死者から離れていくことに相当するのならば、強烈な迫害感や罪悪感を抱くことなしには過去と決別することができないでしょう。結果として、無限に続くことを余儀なくされる死者への隷属、死者の理想化が生じます。ケースワーカーとの関係は、父親と夫の喪失の悲しみを経験する機会をT夫人に与えました。敵意を爆発させた後もケースワーカーが生き残っていることで、おそらくより安全にクライエントは死者に対する恨みや怒りを口にすることができました。そして、自分の恨みや怒りを口にすることで死者たちが破壊されはしないと感じることもできました。

この回の面接が、T夫人の人生の転機となったことは明らかでした。彼女は元気になっていき、明るめの服を着るようになり、未亡人のためのクラブに参加することを話し始めました。しかしながら、浮き沈みは何度もありました。前向きに歩み始めると、身体症状や愛されていないという感情が急激に出てきました。「来週、もし私がまだここにいたら」といってケースワーカーを心配させることもありました。そう言うことで、死んだり、また挫けたり、自殺を企てたりするかもしれないとほのめかしたのです。ケースワーカーは、T夫人の残りの人生を（自分の子どものように）「背負わ」なければいけないのではないかと心配するようになりました。大事にされ、愛され続ける必要が彼女にはあり、今のところまだ、他の人が去ってしまうとその人たちのことを心配したり、気に懸けたりすることが彼女にはできないのだということをT夫人に示すのに、相当な作業がなされなければなりませんでした。

この時点では、抑うつ不安はケースワーカーの中に押し込まれていて、ケースワーカーによって担われているように思われます。つまり「心配するのはあなたの役目です。あなたは私のことを気遣ってくれるのが役目です」というものです。クライエント自身、身体の悪化の恐れが繰り返し起こることを、母性的に世話されることへの願望と関連づけていました。「寂しく感じると、痛くなるんです。そこで人に頼んで援助を求めることができるんです」と。つまり、もし健康ならば、人は気に懸けてはくれない、と彼女は感じていたのでした。それは、子どもがよい振る舞いをしていても、やんちゃにしているほどは注目してもらえないと感じることがあるのと似ています。おそらくT夫人の身体症状は罪悪感も暗示していて、あたかも彼女が生きていて、健康で活動的であるというのは、死んだ夫を打ち負かしているように感じていたのでしょう。その場合、死んだ夫はT夫人の内側から攻撃をしてくることで、仕返しをしてくるように感じられるのです。

およそ三カ月後に、また転機が訪れました。T夫人はそれまでにしょっちゅう夫が生きている夢を見ていました。しかし、このときの夢では夫が死んだことが彼女には分かっていました。夫は彼女のことが気懸かりのようにみえました。そして、自分のことで悲しまないように彼女に伝えたのです。彼女にとってこのことはとても慰められることでした。夫人はこれまでと違う様子で落ち込みはじめました。優しい夫を失ったことを悲しみ、夫婦で分かち合った良いことをきちんと評価するようになっていきました。ケースワーカーを家に招き、結婚式の写真や、休日を夫婦で過ごしたときの写真をみせました。ケースワーカーとともに過去を振り返り共有することが、T夫人にとってはとても重要な経験となっているようでした。その頃になると、夫の服を捨ててもいいと思うようになっていました。以前よりももっと活動的になる決心をしていましたし、彼女に残された人生を他の人のために使おうと決めました。そして、単身者や高齢者のためのクラブの運営を手伝い始めました。ケースワーカーとは連絡を取り続けましたが、今ではごくたまにしか会いに来ません。事故に遭いやすかったことも、痛みや疼きも大幅になくなりました。

夢に現れていたのは、夫の死の受容でした。それはあたかも初めて彼女が夫が死ぬのを許容したというものでした。夫は良い親のような内的な慰め役として現れていると同時に、自分は彼女が生き残っていることを羨望していないと安心を与えてくれています。反対に、彼女が生き続けることを励ましてくれています。このことは、すべての喪を悲しむ人がそうであるように、彼女も生き続けることを死者への勝利として体験していたことを示していると私は思います（Klein, 1940）。もしこの感情がとても強くて、長く引きずるのならば、罪悪感がもたらされ、正常な活動に戻ったり、とりわけ人生のさまざまな喜びを享受することを妨げられます。また、特に興味深いのは、T夫人が、夫とのかけがえのない関係を失ったことに対して自己憐憫をあまり抱かなくなり、本当に悲しみながら過去を見つめることができるようになっていることです。ケースワーカーとともにアルバムを見直すことは、その関係を再び内的に位置づける方法であり、心の内側に夫が生きていると感じる方法だったのです。おそらく、母親が生きているときにはすることのなかった、母親とともに夫のことを分かち合うという方法でさえあったのでしょう。良い関係への感謝を土台にして、また未亡人となったことを共有してくれる死別した内界の母親に対する悲しみから、T夫人は他の人に奉仕することで償いを成し遂げようとしており、自分が受けた愛を役立てようと願うようになったのです。

T夫人の事例にみられるように、喪を悲しむ作業は感情の深化につながります。苦しむ人により深く共感するようになり、パーソナリティの破壊的な部分と愛情深い部分がさらに統合されるのです。すなわち、情緒的な成長へとつながるのです。

喪失に対する反応の例

喪を悲しむことができないこと

ジョアンは、非常に愛し、あがめていた母親が死んだ後、気楽にみえました。彼女は、今までにないような楽しいひとときを過ごしていると言っていました。人びとは彼女に優しくしたりして気を遣いました。おいしいレストランの食事や、新しい服、それに惜しみなく与えられるプレゼントを彼女は享受しました。このような喪を悲しむことの失敗にみられるのは、大事に思う能力の喪失、それに付随する物への貪欲さの増大、人びとへ依存することへの嫌悪です。

非　行

チャールズは、私生児で母親と二人で暮らしていて、母親と非常に親密なようにみえました。母親はチャールズの父親との関係を続けていて、チャールズが十二歳になったとき、二人は結婚しました。チャールズは父親がいることに強い怒りを顕わにし、父親が深刻な病気に罹ったときでさえ敵対し続けました。父親を病院に見舞うことを望まず、ときどき母親に引きずられて行きました。母親が特に彼に見舞いに行くように強く説得したことがありましたが、彼は拒否し、その次の日に父親が亡くなりました。父親が死んだすぐ後、チャールズはギャングの仲間になり、店に押し入りました。彼は「ニコニコ屋」と呼ばれていました。というのも、いつもまじめくさった暗い顔をしていたので「ニコニコ」しろと言われていたからです。学校では落ちこぼれていて、けだるく生気がないようにみられていました。

チャールズは、保護観察官と多くの面接を経た後、自分を捕まえて、先生が厳しくて罰してくれる少年院に送ってほしいと口にしました。彼は、懲罰を求めるのは、罪悪感を消し去ってしまいたいためだと理解するようになりました。実際に父親を殺してはいないと分かっていても、父親が死んだのは自分のせいだと感じるし、父親に対してひどかったと思う、と彼は言いました。チャールズは自分と同じくらい悪い人たちに仲間入りをすることで、自分を慰めようとしていたのです。彼の罪悪感は父親が死んで母親を独占したいという願望と関連しているのだと理解するのを、保護観察官は援助しました。保護観察官とともになされた作業は、結果としてチャールズの抑うつを軽減させました。彼はギャングの元を去り、以前にないほど元気になりました。

懲罰を求めたり、事故に遭いやすかったりすることは、無意識の罪悪感に対する反応としてよくみられます。悪循環を断ち切ることができるのは、本当の罪悪感と抑うつに向き合ったときだけです。

ある遺族

二歳のクリスティン・Vは、軽い病気に罹ったあと亡くなりました。当初の信じられないという気持ちとショックの時期を経た後、家族は深い抑うつに沈み込みました。V氏は顔色が悪くやつれたようにみえました。そして仕事から帰ると座って暖炉の火を見つめ、よくうたた寝をしていました。母親は眠れずにいて、自責の念でいっぱいになっていました。そして夫がよそよそしいことに対して、非常に怒っていました。五歳のエリザベスは学校に行こうとせず、不安で母親にしがみついていましたが、母親はクリスティンのことで頭がいっぱいで、エリザベスを押しやりがちでした。三歳半のピーターは、昼間はいつになくよく動き騒々しかったのですが、床に就くのを嫌がりました。彼はクリスティンが「眠りに就いた」と聞かされていたので、そうしたくなかったのです。

この例が示しているのは、家族のメンバーそれぞれが個人的に喪失を体験していることに加えて、死によってメンバー同士の相互関係が深く影響を受けているということです。母親は夫の支えがなくなったと感じて、夫なりの悲しみ方を理解することができません。子どもたちの方でも二重の喪失に苦しんでいます。普通なら受けられる母親や父親からの世話を彼らは受けていません。彼らには、そんな時こそ、不安に取り組むのを援助してもらうことがとても必要です。その反対に、きっと自分は両親に拒絶されるほど悪いにちがいない、と子どもたちは感じてしまうかもしれません。母親も父親も死んだ子のことしか大事じゃないんだと感じることで、その赤ちゃんへの嫉妬心が強くなることさえあります。

機能の喪失について悲しむこと

自動車事故の結果、十九歳のジョンは目にひどい怪我を負いました。入院中に医師が視力を残そうと数回にわたる手術をしていた間は、まだ明るく楽観的でした。彼は模範的な患者で、看護師や医師から好かれていましたし、いつも協力的で元気でした。一緒に入院していた患者にも好かれていましたが、それは彼が面白い話をたくさん知っていたからでした。彼のことで母親が落ち込んでいると、母親のことを慰めたりもしました。

ジョンに対してこれ以上手の施しようがなくなり、病院を退院することになって明らかになったのは、ジョンがまだ視力がいつか回復するという考えにしがみついていたことでした。ジョンと将来について話し合った医療ソーシャルワーカーは、彼が車を買うために貯金をしていて、事故の前に働いていた製図事務所で働こうと考えているということを知りました。点字習得のコースに通ってはどうか、というソーシャルワーカーの提案は完全に無視されました。家では、好きなときに読んだりふざけ回ったり出かけることができる弟や妹に対していらいらするようになりました。母親には、ジョンがだんだんと気難しくなってきたのが分かりました。日常生活上多くのことに助けが必要でしたが、母親に対して自分のことを子ども扱いしていると非難しました。

ソーシャルワーカーは、彼の怒りや絶望について話し合いました。つまり兄弟への羨望や再び依存することに対する恨みについて話し合ったのです。ジョンは見えるようにならないなんて絶対にあるわけがないと言い張って、他の専門医に検査してもらいたいと要求しました。専門医が見えるようにはならないことを確認すると、彼は、初めて自分の置かれた状況の現実を受け入れました。それから彼はソーシャルワーカーのところに来て怒りを爆発させました。「こんなことがどうして僕に起こったんだ。」「僕がそんなに悪いことをしたのか。」「他の人と同じように生きるのがどうして僕には許されないんだ。」彼が感じたのは、事故は懲罰であり、人生は不公平なものだということでした。それと同時に、ジョンは自分がそんな考えを持っていることや、家族に対していらついていることが嫌でした。彼がそんなふうに感じるのは理解できるし、こういうことを家で言うよりはここで言った方が楽だというのも理解できる、とソーシャルワーカーは伝えました。それに対してジョンは、口でそう言うのは簡単だ、僕みたいに盲目になることもないし、若さとか人生を楽しむことができるしね、と言いました。

後になって、彼はこんなことが起こるのがあらかじめ分かっていたらよかったのに、と振り返るようになりました。そうしたら、花の色や女の子の美しさに「見とれた」だろうし、もっと美術館にも行っただろう。まだそうする時間があったときに、自分はそういうものを味わっておかなかったのだと、自分自身に対して腹を立てていました。こうして、彼は重要な感覚器官を現実に失ったことだけでなく、いろいろなことをする機会を逸したことを悲しみました。喪の作業の末、徐々にジョンは自分にまだできることを現実的にみつめることができるようになり、働き、愛し、人生から喜びを得る能力を取り戻しました。

どの年齢であっても病気や事故によって、能力の低下や能力の突然の喪失に直面させられることがあります。それによって強いられる限界を否認することは、奥にある迫害感や抑うつを隠す表面的な適応に通じます。人が前に向かって進むことができるのは、喪を悲しむ作業がなされ、最終的に怒りや絶望や抑うつが、愛や勇気によって緩和されるときです。もし怒りや絶望がずっと優勢のままならば、人は発達のより早期の段階へと退行します。不満げな様子でいて自己中心的で自分を憐れむようになったり、他の人の自由を妬んだり、あるいは際限なく自分に時間を割いてくれて関心を向けてくれることを要求したりするようになります。勇気あるあきらめによって喪失を認め、悲しみ、受け止めるとき、残された資質や機会を大切にすることができ、それによって別の方向への発展につながりうるのです。子ども時代や青年期にそういった喪失が起きるのは悲劇的なことです。子ども時代や青年期には、子どもや青年はまだ自分の力を十分に発展させる機会を得てはいませんし、機能を喪失して閉め出された人生の諸側面を味わう機会を得てはいないのです。けれども、別のスキルを身につけることである程度補うことができる可能性が、中年期や老年期に比べれば大きいのです。中年期、老年期になると心や体の柔軟性が低下し、機能の喪失は人生の終わりの訪れとして経験されます。

自分に与えられる愛情は限られているという両親に対するアンビバレンスに対処することにある程度成功している人は、自分自身の限界にも向き合い始めていて、かつて両親や兄弟に対して許容したように、他の人が自分のできないことをやり遂げるのを許容することができます。機能の喪失以前にそういう経験をしている人には、そうした喪失に対処できる土台があります。

若さや人生の喪失を悲しむこと

決定的に失われたものを悲しむ能力、他者を手放す能力、避けることのできない限界を甘受する能力。これらの能力はすべて、老化に付随する喪失において非常に重要な役割を果たします。

中年になると、個人は**数え切れないほどの多様な**喪失に直面します。それらは一斉に起こることもあれば、立て続けに起こることもあります。

(a)　若さの喪失。若さの喪失への自覚は、さまざまな要因のなかでも、子どもが思春期に達することによって痛感されます。

（b）閉経や、男性の更年期と呼ばれるもので幕を閉じる性的な産出能力の喪失。
（c）職業や結婚において完全な再出発をする機会の喪失。
（d）子どもが成長し独立して家を出ることによる、親の機能の喪失。
（e）自分の両親の喪失。両親の死によって、あるいは両親の老化によって。
（f）同世代の者の早すぎる死による喪失。

これらすべての喪失は悲しまれる必要があります。また、もっと自分自身の死すべき運命を意識するように個人を駆り立てる効果があります。

エリオット・ジャックは「死と中年期危機」（Jacques, 1965, p. 506）の中でこのように述べています。「個人の成長は止まってしまい、年老いることが始まる……逆説的なのは、人生の盛りや充実にさしかかるが、同時に盛りや充実は既に過ぎ去っているということである。死が先に待ち受けているのである。」さらにジャックは「ついには自分自身の死を迎えることが現実であり、不可避であるという心理学的舞台に登ることは、中年期危機の本質的な特徴である」と言っています（Jacques, 1965, p. 506）。この危機を上手に乗り越えることは、個人の死は避けることができないという事実を受け入れて建設的に諦めることにかかっている、また、外的な死にきちんと向き合うことができるかどうかは、内的な死つまり自身の破壊性を受け入れることができるかどうかにかかっている、とジャックは述べています。というのも、私たちの死についての考えは、外界や死に注ぎ込んできた破壊的な感情によって彩られるからです。

クライン（Klein, 1940）が示したのは、死の無意識的な意味は乳児期に由来する、ということでした。赤ちゃんが感じ経験する飢えや見捨てられや苦しみ、そしてバラバラになってしまう体験といった迫害不安はすべて、死にゆく体験や死の体験に相当します。この感情体験がのちに、意識された死の恐怖、あるいは無意識的な死の恐怖の中に姿を現すのです。死は知ることのない状態でも感情の不在でもないと思われます。むしろ、私たちは死において、動けなくなり、息が止まり、拘束され、食い尽くされ、解体しつつある中で、無力である恐怖を全感覚で徹底的に体験するのだ、と考えられます。ハンナ・スィーガル（「死の恐怖」Segal, 1958）とジャック（Jacques, 1965）は、迫害者としての死という乳児的感情体験と、患者の心の中の理想的な母親／父親と迫害してくる母親／父親の明確な分割には密接な関連性があることについて説得力のある証拠を提示しています。

以前の章でみたように、赤ちゃんや子ども、あるいは大人でも、破壊的な感情を自分自身の中に取り戻すと、外部の報復的母親に対して恐れることが少なくなり、その代わりにより現実的に母親を見るようになります。ジャックとスィーガルが示したのは、そのようなパーソナリティの破壊的部分の統合が患者の死の恐怖を減少させるということです。そうなると、死はもはや地獄と見られたり、天国へと引き上げられるような理想化されたものと見られたりすることなく、悲しみとあきらめをもって熟慮されうるものとなります。理想化も迫害感も減少させる愛と憎しみのそのような統合は、クラインが妄想分裂ポジションから抑うつポジションへの前進と呼んだものの本質です。そのような統合は乳幼児期にある程度開始されますが、エリオット・ジャックが言うように、抑うつポジションは中年期において質的に異なるレベルで再びやり直されるのです。

ここまでみてきたように、どんな欲求不満でも喪失でも、憎しみや迫害感、抑うつを引き起こします。そういった感情と折り合うことに以前にいくらか成功していると、死や中年期に関連した不安に向き合う準備がより整っています。けれども、それがうまくいっていなかった場合、中年期の危機はより大きなものとなる可能性があります。過去に漠然とした希望にしがみつくことで喪失を乗り切ってきた可能性もあるでしょう。新しい相手、新しい仕事、新しい国、新しい家、それに赤ちゃんが、それまで得ることのなかった理想的な満足を与えてくれるだろうと。魔術的な解決法を信じ込んだり、不安を先送りにしたり、限界を知ることをそこそこの成功でうやむやにしてきたかもしれません。しかしながら、未来そのものは制限されていて、人生は限られているとみる場合、欲求不満や限界は不可避であるという気づきはそう簡単に否認できません。あるいは憎しみの感情や迫害感もそう簡単には否認することができません。すると人生はもはや（理想的な母親や父親のように）豊かなばかりとも、ずっと有望であり続けるものとも感じられません。その代わりに、人生は、思いやりのない無慈悲な復讐者（死をもたらす父親）と結びついた、冷たく、制限を与えるもの（欲求不満にさせる母親）と感じられます。

中年期に侵襲してくるものは、理想的な対象があるという信念の喪失です。それとともに、自分の理想化も崩れます。失望と幻滅によって、それ以前には活動休止にさせていた私たちの中のあらゆる破壊的要素が前景化します。たとえば、死や病気に直面したときの無力感に対する怒り。同世代の者に対してにせよ、青年たちに対してにせよ、関係の中でより幸せを享受している者（子ども時代には親たち）への嫉妬心。肉体的にも物質的にも恵まれていて、より創造的で、より成功している者への羨望。こういった憎しみの感情に対して、自分の存在の良い側面に対する愛情や感謝が影響してくる場合、むしろ抑うつ不安が出現します。たとえば、取り返しのつかないあやまちや手抜きに対する罪悪感。時間や機会を無駄にしてきたことへの後悔、自分に与えられたものの価値が分かっていなかったことへの悲しみ。

このように、死と出会うことで、人は自分自身を見つめ直し、家族や仕事や人生の目標との関係について見つめ直すようにせき立てられます。このような迫害不安や抑うつ不安への再取り組みは、極めて苦痛なものになるでしょうし、何年も要することでしょう。生と死の受容、つまり憎しみと共存する愛の受容を通して、迫害不安や抑うつ不安への再取り組みは、さらなる統合へとつながる可能性がありますし、それによってより強く安定した性格がもたらされることもありえます。

時間を無限に続いていくものではないとみると、時間はより貴重なものとなります。そう感じることで私たちは自分が何に価値を認め何を優先させるのかを見直すようになります。その基準に基づいて、まだ時間が残されているうちにもう一人子どもをもうけたり、養子をもらったりするといった重要な人生の選択がなされることもあるでしょう。

より適した仕事に着手する者もいますが、多くの者は新たな創造的な表現手段をみつけます。破壊的感情と悲劇に気づくことは、他の人びととの感情に対してより寛容になり、人の痛みに共感的になることにつながります。人生の有限性によって、関係はいっそう貴重となり、仕事は切実さを増します。そして、人生の有限性は美しさや良さを見極める力を高めます。より広い展望から人生を眺めることは、穏やかな心持ちと知恵をもたらします。そのような情緒的な成熟を遂げた者は優雅に年をとり、同世代だけでなく若い世代の人びとを触発する人物となり、まさにこのようにして死を乗り越えるのです。なぜなら、その人と知り合う縁をもった人たちの記憶の中で、その人は生き続けるからです。あるいは永遠の価値を持った仕事を遺すこともあるからです。

中年期の喪失に対処し損ねたときにみられる症状

抑うつに陥ること

中年期やそれ以降の年代で、たとえば退職や、配偶者の喪失に見舞われた後などに、実際に抑うつに陥る可能性が多かれ少なかれあります。そのほかに末の子どもが家を出たり、仕事で失敗したり、病気になったりといった出来事がきっかけとなり、以前に猛烈に否認していた恐れが誘発されることもあります。G氏の場合、仕事で若い人の力を借りる必要があると自覚したことが、抑うつがはじまったきっかけのようでした。G氏は突然もうこれ以上働けないと感じ、性的不能になることを恐れ、自殺を示唆する行動をとり入院せざるをえませんでした。

アルコール依存症

年老いた人にアルコール依存症の発症率が高いのは、つらい現実から逃げ出したいという願望がおそらく関与しています。

性的放縦

老化の恐れに直面することで、自分の性的な魅力や性的能力を主張することが必要となり、そのことで婚外関係や性的放縦が惹き起こされます。典型的には、関係するのはずっと若い相手である傾向があります。結婚生活上の軋轢や離婚は中年期によくみられます。

若い世代との競争

若者の持つ性的能力や機会に対する羨望は、思春期の子どもの性的衝動を抑えつけるような言動にみられることがあります。それによって世代間の軋轢が増します。あるいは、親が子どもに自分の代わりを見出し、性的な冒険や無責任な行動を鼓舞することがあります。仕事の面では、代わりがいない存在であることを必要とし、能力よりも地位や権力を頼みにすることに拍車がかかります。また、おだててくれたり、依存してくれる二番手の者をかわいがるようになったり、有能な若手のライバルを些細なことで非難したりするようになることもあります。

心気症

健康に対する過度の心配が頻繁に起こります。それは内的、外的な死の恐れの身体的な表現です。

貪欲さの増大

食べ物に対する基本的な欲求から物を集めることまで、貪欲さが増大します。場合によっては、軽犯罪に至ることもあります。中年女性の万引きは、母親の持ち物（おっぱいに相当する食べ物や、ハンドバッグのような女性を表す物）を盗みたいという無意識的な願望と結びついているように思われます。他者に投影された貪欲さは、子どもが親から力を奪うのではないか、ただ遺産を待っているだけではないかという恐れにつながり、あるいは若い同僚が古株を追い出したいと思っているのではないかという不安の誇張につながります。

要　約

授乳をし、抱っこしてくれる母親との理想的な関係を失う哀しみから、生そのものの喪失に直面することに至るまで、人生の中で直面する多様な喪失とそれを悲しむ状態をみてきました。喪失は、良い母親に対する愛や感謝、ほかの関係に対する愛や感謝、人生に対する愛や感謝を保持しておくことができるかどうかをはかる厳しい試練となります。また、欲求不満や限界に際して感じる憎しみの感情を、そういった良い感情を用いて和らげることができるかどうかをはかる厳しい試練となります。

長い目で見て、怒りや迫害感、それに自分にさほど良いとも思えない人生を与えたという両親／運命／神に対する恨みがそろって存在していると、愛や努力は行き詰まってしまいます。たとえば「やるほどの価値がない」とか、誰かが私に言ったように「死が終わりなら、生きている目的は何なのだろう。すべて無意味に思える」と行き詰まってしまいます。また、うつ病や自殺の危険性もあります。失望への対処法としてはほかに、貪欲さに身をゆだねるということがあります。「明日死ぬのだったら、刹那に生きよう」と。それは、喪を悲しみ、大切に思うことの放棄、感情の平板化、愛する能力の減退を意味します。また、**性格全般にわたる荒廃**を引き起こします。

他方で、喪失は人生経験の中で避けることのできないものであり、成熟した大人になるためには必要なことであるということを私たちはみてきました。喪を悲しむ作業によって、さらなる統合、性格の強化、勇気の発展がもたらされる可能性があります。また、人生における他者の時間と自分自身の時間の貴重さが分かるようになり、他者に対してより深く気遣うようになるのです。

第四章　賞賛と羨望

羨望の定義

メラニー・クラインは羨望を次のように定義しました。「羨望は、他の人が望ましいものを所有し享受していることへの怒りの感情です。羨望による衝動は、それを奪い去ったり、台無しにしてしまうというものです」（『羨望と感謝』Klein, 1957, p. 6）。

それ以前にフロイトは、少女／女性が、少年／男性がペニスを持つことに対して羨望を向けることに注目していました。クラインは、男性も同様に、女性が持つ出産する器官に対して羨望を向けることに気づきました。また、男性も女性も、どこか優れたところを持つ同性の者に対して羨望を向けることにも気づきました。羨望は性器に結びついた創造的な機能に関連しています。ペニスを持っていることだけでなく、男性的な能力、つまり男性的な主張性や突き抜けるような知性といった広い意味での男性的な能力に対して向けられます。同様に、女性の持つ乳児を育て養う能力や、女性的な直観や繊細さも羨望の対象となりえます。さらに羨望は、ともにいることで創造的な力を発揮するカップルに対してまで及びます。

羨望は、しばしば日常会話や心理学関係の文献で嫉妬と混同されていますが、嫉妬からは区別される必要があります。嫉妬は三人の間の関係についてのことですが、羨望はたった一人の他者で十分なのです。ですから、ある男性が、妻と別の男性との関係を嫉妬することもあります。あるいは子どもが新しく産まれた赤ちゃんを嫉妬する場合も、母親からの関心や愛情をその赤ちゃんが得るからなのです。ライバルに対する憎悪は、愛情をもっと欲しがることに続いて生じるものです。典型的な嫉妬の状況とは、ＡはＢがＣに与えているものをもっと欲しい、というものです。対照的に羨望とは、ＡはＢあるいはＣが持っているものを欲しい、ということを表しています。つまり、幼い同胞の誕生に対処しなければならない子どもは、母親の赤ちゃんを産む能力、赤ちゃんに栄養を与える能力に対して羨望を向けるのです。先に述べた激怒した夫は、嫉妬というより羨望を第一に持っているとするならば、妻の愛情をなくして悲しいと感じるよりもむしろ、ライバルの持つ自分より肉体的にも精神的にも強くて魅力的な能力に対して怒りを感じ、切望するのです。そのような男性は女性のことを（そして、そのような女性は男性のことを）自分の持ち物の一部であるとみなしていて、同性の者と競り合う中で自分が優位であることを示すための戦利品を得ようとしているのです。

貪欲さと羨望の区別もしておかなければなりません。貪欲な人は、自分にとって最大限の喜びを得ようとして、公正な分け前よりも多く欲しがります。見た目には貪欲にみえることがありますが、羨望にはより多くを求めることにさらに付け加えられる性質があります。羨望では、ほかの人がより多くの喜びを得ることが耐えられず、それを剥奪したいと思うのです。場合によっては、羨望を向けている人が、実際には他の人の持っているものを望んでいるのではなくて、そこから喜びを得ているという理由でその人の持っているものを奪い取りたいと思っていることがあります。そのような羨望はあの世にまで及びます。ある女の子は言いました。「死んだ人がうらやましい。なぜなら、ほかの人たちが愛情を持ってその人のことを思い出すから」と。

羨望による「ほかの人たちには分け与えない」態度というのは、「あなた以上に持つことができないのなら、あなたには持たせない」というものです。そのような態度は、白雪姫の話の中で不朽のものとなっています。「鏡よ、鏡よ、鏡さん。世界で一番美しいのは誰？」と。自分を上回る美しさを娘が備えていることを知ったとき、王妃はライバルを亡き者にしようと企てました。新しく生まれた子どもに対して邪眼を寄せつけないために青い玉を身につけさせる習慣が東洋にあるようです。そういった羨望は、神話やおとぎ話の中では女神や女王や悪い妖精の性質とされることがよくありますが、そのことは、女性が常に母親の羨望を恐れてきたことを表しています。すなわち、それ自体が、女性が幼い頃に母親の美しさと創造性に対して感じた羨望の投影なのです。

羨望を刺激する外的状況

羨望は明らかに富の格差がある状況で生じます。貧しい者は金持ちを、弱い者は強い者を、無力な者は力を振りかざす者を羨みます。このような状況は、**何よりも**幼児期に存在します。子どもは親と比べて弱く無力だと感じます。子どもにとって親はすべてをよく知っていて、自分のコントロールができていて、どんな不測の事態にも対処できるように思われます。クライン（Klein, 1957）は子どもの分析の中で、そのような羨望による感情は乳児期、それも赤ちゃんとおっぱいとの関係に由来しているということの確証を得ました。母親のおっぱいやその他の部分は、赤ちゃんの心の中で食べ物、安全、心地よさ、苦痛からの解放などのあらゆる生命維持機能と結びついています。母親は良いものの源泉であり、命そのものの源泉であると感じられます。そのため母親の持ち物や性質に対して、赤ちゃんは強い欲望や羨望を向けます。

満足な体験を与えられることが現実に奪われていたり不足していると、羨望が刺激されます。それは特に赤ちゃんの時期に当てはまります。再びクラインを引用しましょう。「乳児からおっぱいが奪われると、おっぱいは悪いものとなってしまうように感じられます。というのも、良いおっぱいと結びついている乳や愛情や世話を、おっぱいが独り占めしているように感じられるからです。けちで出し惜しみしていると感じられるおっぱいに対して、乳児は憎しみと羨望を向けるのです」（Klein, 1957, p. 11）。のちの人生でも同様に、実際の剝奪や不運なことがあると羨望が非常に強くなります。なぜなら、必要性が大きいほど、援助を差し控える人や恵まれている人に対する強い敵意がいっそう向けられるからです。幼児期には母親や父親が憎まれますが、こういった感情は後に他の大人たちや社会全般に転移されます。機能の喪失、若さの喪失、死別、左遷といった取り巻く状況の変化があると、それまで眠っていたその人の性質の中の羨望する部分が表面化してきます。

羨望は、過剰に与えられることによって誘発されることもあります。たとえば、赤ちゃんが泣くとすぐにおっぱいを与える母親。息子が自分の力でなんとか切り抜けることができるときでも、常にとんでいって助ける父親。おそらくは誠意から、子どもに対してすべてをさらけ出す親たち。彼らはある意味で自分の豊かさや優位性をひけらかしている訳ですが、すべて不必要に羨望を刺激することになっているのです。

賞賛と感謝 対 羨望によって台無しにすること

世話や愛情が適切に与えられている場合、そして個人が過剰には羨望を持たない場合、良い体験を楽しみ感謝することができます。母親の愛情ある授乳や対応によってもたらされる快は通常、赤ちゃんの母親に対する賞賛と愛情を大きくします。成長し、スキルを発達させることで、乳児の依存や無力感は徐々に少なくなっていき、そうなると羨望の念は緩和されます。赤ちゃんは、取り入れと学習を通してだんだんと自分が年長の兄弟のようになっていき、いずれは両親のようになるのだと考え始めます。

羨望が強すぎることなく賞賛することができる子どもや大人は、助けてくれた人びとに対して感謝の気持ちを持ちます。経験や実例から学ぶことができ、賞賛している人びとを見習おうとします。羨望の強い人が学ぶためには、食べ物や知識や良いものの源泉を否認することが必要ですが、そうすると感謝の気持ちが体験されません。達成は自分自身の資質によるものだと感じられるのです。それは「お母さんとお父さんのおかげで僕が生まれてきたんじゃない。

自分で生まれてきたんだ」と言う子どものようです。あるいは、さほど知りたいという気持ちはないのにもかかわらず「物知り」でいたい人のようです。

そのほかに、そういった人は援助／食べ物／知識を攻撃します。おっぱいを吸うよりも親指を吸うのを好む赤ちゃんもいますし、おっぱいを飲んだ後、明らかな身体的な原因がないのに吐き出す赤ちゃんもいます。うんちをもらしたり、おねしょをしつづける子どももいます。（もちろん、そういった症状には全く別の原因もあるでしょう。）これは、故意の破壊や、公共物の破壊だけでなく、より洗練された言葉による中傷、あざけり、「暴露」情報といったものの中にもみられます。そのほかに「あなたは専門家ですから、きっと正しいと思います。けれども、こんなふうに見えるんですけれども……」といったお世辞の背後に隠された皮肉に満ちた痛烈な発言の中にもみられます。また、「あなたがやれと言ったとおりにやった。みろ、その結果がこれか」と言うクライエントのことを検討してみてください。例を挙げましょう。家族の中では秘密があまりないほうがよいということを話し合った後、C夫人はまっすぐ家に帰り、娘に向かって言いました。あなたは養子なの、というのもあなたの実の両親はあなたのことを養いたくなかったから、と。このような治療状況の誤用は、無知や理解不足に基づいていたわけではなく、治療者によって与えられた援助を台無しにすることと関係していました。

援助を受け入れられないこと

良いものが攻撃されると、台無しにされてしまって、もはやさほど良いものとは感じられなくなります。一方で、悪いものはそのようにはなりにくいのです。というのは、多少の羨望が悪いものに付け足されるだけだからです。そうなると、良いものと悪いものとの明確な区別がつきにくくなり、判断が混乱します。また、良いものや知識は、攻撃を受けると、悪いものが付け加わり、うまく吸収できなくなります。そのため、良いものは攻撃を受けると、成長に寄与することができなくなります。

羨望が、重篤な摂食困難と学習困難の原因となっていることがあります。依存していたり教えてもらう立場にあることが、非常に耐え難いことがあります。劣等感によって、親や教師の立場にある者への敵意が引き起こされるからです。与えられるものはすべて、あたかも与える者の優位性を見せびらかすために仕組まれたものであるかのように思われるのです。羨望の強い人は簡単には喜びませんし、その人にしてあげようとしていることすべてについて、あら探しをする傾向があります。たとえば、ある少年のことを思い出します。彼は保護観察官に、父親が手紙をあまり送ってこないと不満を訴えました。すぐに父親は頻繁に手紙を書き送るようにしました。すると、少年は手紙の内容が長くて退屈だと不満を漏らしました。同じように少年は、保護観察官との面接はいつもタイミングが悪いと感じていました。「昨日の夜に来てくれていたなら、大事なことを話せたかもしれないのに」と。彼は赤ちゃんのとき授乳が困難でした。母親は、彼にぴったりのタイミングを見つけるのに何時間も費やしました。また、何カ月もさまざまな銘柄のミルクを試した後、やっと彼が吐き出さない銘柄のミルクを見つけたのでした。

羨望が強い場合、良い関係が築かれる土台自体が蝕まれます。その土台の中には信頼、協調、感謝、愛情といったものが含まれます。そのため、自分が愛することも、愛らしく振る舞うこともできないことに深い絶望を感じ、他人が享受している、より良い関係に対していっそう羨望を感じるようになるのです。このようにして、悪循環が形作られます。

ここで例を挙げましょう。西インド諸島出身のレスリーは、魅力的で知性があり、しっかりとした教育を受けている十六歳の少女でした。彼女は家出をしたあと、地方自治体の施設に連れて行かれました。その施設は、入所している少女たちと職員との関係が友好的でおおらかなことで知られていました。レスリーは皮肉を込めて「ここはとっても素敵だわ」と言った後、「雰囲気が快適すぎる」ことについて不満を訴えました。施設がホテルのように自分の要望に合わせてくれて、かつ個人的な関わりがない所であることを彼女は望みました。

彼女は、援助や好意をはねつけました。誰の助けも望んでいないし、自分でうまくやることができる、と彼女は言いました。「どうして世話するのよ。誰にも世話をされたくないわ。」彼女はいつも不満に満ちた緊迫した雰囲気を施設内に作り出しました。いくつかの規則には異議を唱え、ほかの少女たちと結託して施設長に抗議しました。若い職員と施設に残されたとき、レスリーは反乱を企てました。ほかの少女たちを引き入れ、卵やトマトを職員に投げつけたのです。どうしてそんなことをするのか尋ねられると、レスリーは大声で罵り、絶対に戻らないと脅しつけながら、施設から飛び出しました。誰もが彼女の安全をとても心配し、彼女を残して出かけたことに罪悪感を持ちました。一方、レスリーはといえば、こっそりと自分のベッドに戻って眠っていたのです。

職員は、自分たちを無力で役立たずだと感じました。時折レスリーが親切にしてくれたり、手伝ってくれたりすることができる様子をみると、職員のそういった感情は強められました。振り返って検討してみると、ほかの誰かが困っていたり、緊急にどうにかしなければならない状態に陥っているときにだけ、レスリーのこういった様子が見られました。

彼女は、しばしば自分の皮膚の色について言及しました。施設の雑用を手伝ってくれるよう頼むと、「分かってると思うけど、私たちはもう奴隷じゃないのよ」と声を荒げました。きっと「自分は持たざる国の国民ではない」と言おうとしていたのでしょう。こういった発言は、彼女の怒りの感情や反抗、劣等感を合理化したものだったのでしょうが、他の人たちに罪悪感を感じさせる効果がありました。他の人たちは、自分たちがまるで痛がっている子どもの傷に塩を塗っているように感じ、またもう少し我慢強く、励まし、思いやってあげたなら、もっと違ったふうになるのではないかと感じたのです。罪悪感のために彼らは、今後レスリーを動揺させないためにはもっと配慮して扱ってあげなければならないと感じました。

そういう思いやりは妥当なもので、助けにはなるかもしれませんが、レスリーの場合は役に立ちませんでした。他の人が役立とうとすればするほど、レスリーは破壊的な羨望を感じたのです。それはまるでレスリーが他の人たちを操作して悪者に仕立て上げているかのようにみえました。また、一人をけしかけ他の者と争わせることで、利益を得ているかのようにもみえました。ある時は体力的な強さで、ある時はとげとげしい物言いで彼女は施設を牛耳りました。人びとが口論したり喧嘩したりするようにうまく仕向け、その様子を傍観して楽しんだのです。誰もが彼女と一緒にいると疲弊すると感じるようになり、時に我慢できませんでした。また、彼女に「いらいらさせられた」ときには、いなくなって欲しいと思うようになりました。そうすると、そう感じたことで彼らはいっそう罪悪感を感じましたし、職員の方では、自分たちがうまくやれていないとか無能だとか感じました。レスリーの攻撃性の背後にある絶望には誰もがうすうす気がついていましたが、結局のところ、彼女は物質的な援助以外のものは受けつけないかのように思われました。彼女は言いました。物質的援助を受けることは当然の権利であるけれども、ほかの援助はどれも自分を見下し、劣っていると感じさせようとしているように感じられる、と。

　この事例には、依存関係において羨望が与える破壊的な効果と、依存関係の双方が陥る絶望的な行き詰まりがはっきりと見てとれます。治療の中では、人が理解してくれることに対して攻撃が行われることがあります。その結果として治療者がこうむる影響は、混乱を感じること、そして筋道の立った考えができなくなることです。ある思春期の少年に心理療法を行っている治療者に、こういうことが何度も起こりました。彼とのセッションが終わるといつも、治療者は「自分を取り戻し」、考えを整理し、少年の矢継ぎ早の攻撃から回復するのに時間が必要でした。

　あるセッションの断片を取り上げましょう。そのセッションでは、治療者の母性的な直観に対する羨望が、いつになく明白で単刀直入な様子でみられました。ある解釈がなされましたが、それは少年に安堵をもたらしました。そして、治療者が自分をとても理解してくれていると、一時的にではあれ彼は認めました。ところがその後、彼はあざ笑いながら言いました。「どうして僕の欲しがっているものが分かるんだろう。どうして母親は子どもの欲しがっているものが分かるんだろう。僕の猫が「キャットオミート」（訳注一）が欲しいのか「キティ・キャット」が欲しいのか、**僕には**分からない。医者がテレビで言っていたけど、赤ちゃんの泣き方によって、それがどういう意味なのか分かるらしい。

それで、あなたがそこまで分かるということは、種本か何か持っているに決まっている」と。さらにそこには、治療者に一それ」を譲り渡して欲しいと望む訴えが含まれていました。

母性的な直観というのは刻々と生み出される心の性質のひとつであると考えるのではなく、その代わりに理解のための青写真があると考えることは、心の機能の価値を引き下げることです。そこから伝わってくることは、母性的な直観は**物**であって、譲り渡すことができるものだ（乳を出す生きたおっぱいというより、生命のない「おっぱい」）という想定であり、さらに言うと、それを所有しているということは、意地悪して与えないでおいていることだという想定です。

無意識的羨望の働き

羨望は通常ほとんど意識されていません。私たちは、他人の中には羨望を容易に見出すけれども、自分自身の中の羨望については気づかない傾向があります。しかし、人によって他の人よりも少ないということがありますが、羨ましがる気持ちは誰の心の中にもある程度はあります。自分自身の中の羨望は否認されがちです。というのも羨望は恥ずべき性質に感じられるからです。その理由はといえば、

(a)　人気、成功、財産、若さ、自由に由来する他人の幸福や喜びへの妬みには、下劣なところがあるからです。

(b)　創造性、愛情、美、知性、統合といった私たちが賞賛し価値があると感じる事柄を損なうことが含まれているからです。

教養のある人物がリップサービスで、「うらやましい限りです」と言うこともありますが、こういった感情のはらむ、盗み、破壊し、台無しにするような側面について、私たちは気づかずにいる傾向があります。たとえば、「それ

は大変賢明なことです、けれども……。」とか、「誰それにとってはとても簡単なことです」とか、「運がよかっただけさ」とか言うことで、けなすことがあります。「彼がいるとあなたが有能にみえるよ」といった見え透いた皮肉なお世辞は別としても、羨望が働いているまわりくどい方法はもっとあります。たとえば、ある人を賢いと言うことで他の人の弱点を目立たせるような軽蔑的な批判をすること。ライバルに寄せられている信頼を損なうこと。誰かの評判を傷つけるような噂を流すこと。先生だって何もできないということを示すために解決できない問題を持ち込むこと。「彼だったら簡単にやってくれる」という理由で、感謝の気持ちもなく強い者に仕事を押しつけること、など。羨望の念はしばしば集団全体に転移されます。たとえば、金持ち、上流階級、白人、「あいつら」に対して。否定的な特徴にすら、羨望が向けられることがあります。たとえば、のんきな人、処罰を免れている違反者に対して。

羨望の強い人は、他人の幸せを不快に感じることなしに喜ぶことができません。羨望を避けるために、無意識に自分の基準に達していない友達や同僚を選ぶこともあります。そうした人が他者に対して非常に献身的になることができることもありますが、それは相手がどこか自分よりも劣っていて、恵まれていない限りにおいてです。そのほかの羨望への対処法のひとつに、明らかにそうでない状況でも、自分の方が優れているし上手だと言い張ることがあります。幼い女の子がジャンパーの下に紙を詰めて「お母さんより、胸が大きいでしょ」と大声で言って、母親の前で誇示しました。彼女は母親の作った料理を拒み、冷蔵庫から自分のためにとってきたものだけを食べていました。それでも、彼女は牛乳の味は嫌いで、ココアを混ぜることでようやく「本当においしい」と感じるのでした。

年長者のまねをしていることを認めないけれども、実際には自分が理想的な親であると本当に**感じている**子どもがいます。たとえば、あるクライエントはかつて母親の家の床を何度も磨いた様子を詳しく話しました。とくに訪問者がいるときに磨いたそうです。そして、そんなふうにされると家事をあまりしていないように思われるので、母親はひどく怒ったそうです。こういった親よりも優れていたいという欲求は、盗みとる姿勢と結びついています。このことに全く気づいていない人もいます。それは、指導教官が何週間も酷評し続けている考えを、全く新しいものとして思いつく学生に似ています。羨望に対処するのに盗むことが有力な手段となっている場合、自分が持っているものが本当に自分自身のものであると感じることは決してできません。どこかほかから盗用してきたという無意識の感覚があるので、自分に対する猜疑心でいっぱいになり、不安に感じます。成功したとしても、自分はそれに値しないといった罪悪感を覚えるでしょうし、他の人や内的な両親が今度は自分に羨望を向けるだろうと恐れるようになるでしょう。

創造的なカップルに対する羨望

四五歳のC氏は、とても魅力のある北イングランド出身の男性で、不安と抑うつが強いために援助を求めてきました。こういった感情が次第に自分を飲み込んでしまうのではないかとC氏は心配していましたが、それは、起きることも仕事に行くこともできないことが折にふれてあったからです。彼はなぜ自分が幸せでないのかどうしても理解できませんでした。というのも、自分では「この世で一番幸運な人間だ」と思っていたからです。彼は才能に恵まれ、仕事でも成功していました。魅力的な女性と結婚し、今でも彼女を愛しています。五人の賢くかわいらしい子どもの父親でもありました。

もうお分かりでしょうが、C氏の不安は、そういった幸運がこれ以上続かないのではないか、「神が嫉妬するのではないか」と感じているところから生じていました。しかし、彼が恐れていたのは、神が邪魔することだけではありませんでした。彼は自分の両親に、自分がどれほど恵まれているかを知らせることができませんでした。その代わり、いつも困難や苦労について強調して伝えていたのです。彼の人生が両親の人生よりも豊かで幸せなものであるという事実を、両親はよく思わないだろうとC氏は確信していました。同様に、親しい友達にも、休暇のことやほかの大事な計画について話すことはありませんでした。話してしまったら、計画がうまくいかなくなってしまうと確信していたのです。誰かが呪いをかけていて、自分の計画していることをだめにしてしまうのだ、と彼は積極的に空想しました。そこから明らかになったのは、C氏が他の人びとの羨望に対する恐れによって迫害されているということでした。

抑うつ状態は、楽天的な気分に取って代わられるということがくりかえし起こっていました。ここ二年、息子が成熟し恋人ができてからというもの、楽天的な気分がさらに顕著になりました。C氏は今では以前にもまして身なりに気を遣うようになり、若い人たちに憧れられ賞賛されることで元気が出ました。また、陽気で愛想よくなりました。何人かの若い女性を誘惑して、愛の冒険に耽りました。その女性たちが若い男性と適切な関係を築くことを自分が阻止していると、彼は漠然と思っていました。けれども、このようにすることで、自分の息子と競っているとは気づいていませんでしたし、自分が妻を苦しめていることで罪悪感を感じるということもありませんでした。

老いつつあることを否認し息子に羨望を向けていることを否認しているという解釈が与えられましたが、長い間無視されました。ある夢によって、彼はこういった感情が逃れられない現実のものであることを痛感しました。彼は花嫁と手を取り合って祭壇のところに立っていました。あたりを見回すと、両親がしなびて皺だらけになり、凍りついたようにじっと動かないでいるのが見えました。夢の後半では、**彼が**席に座って、若いカップルが結婚するのを見ていました。けれども彼が見たのは、その二人が手を離し、婚礼の花束がしおれるところでした。その夢の前半と後半は以下の二つのことを結びつけていました。(a)C氏の羨望をもったまなざしは愛し合うカップルを分かち、花の死、つまりその二人が結びつくことで生まれる子どもの死を招くと感じられていること。(b)その若いカップルの若さや幸せ、それに若かったときにした自分の結婚は、両親の犠牲のうえに成り立っていると感じられていること。彼の幸運は、両親の能力や想像力を羨望によって盗み取った成果であると感じられていたのです。そのため、彼は自分の息子の成熟を非常に恐れたのです。なぜなら、そのことは彼にとっては、自分自身の生命活動の終わりを意味していたからです。

そして、特に冬になるといつも落ち込むのはなぜなのかも、C氏は理解しました。地球／母親から離された冬の弱い日差しの太陽／父親に、彼は同一化していました。そしてまた、母親にも同一化していましたが、その母親は父親を奪われることで、冷えて、むき出しになり、不毛となったままの母親でした。冬の風景の死んだような外部の様子は、内界に何も生み出さないカップルを持っていることへの恐れを強めたのです。そのカップルはＣ氏の内部にいる両親であり、彼の羨望によって暖かさや喜びや創造性をはぎ取られた両親なのです。

羨望に対する防衛

理想化

賞賛を向けられている人が台座に乗せられて、「あなたは素晴らしい、私なんかとてもそんなふうにはなれない」と言われるとします。すると、その人は羨望が届かないほど特別な人と感じられるでしょう。台無しにするような羨望からその人を守ろうとするこのような試みは失敗に終わるでしょう。なぜなら、人を理想化すればするほど、長い目で見て、羨望をさらに引き起こすことになるからです。

価値の引き下げ

賞賛している人のことを、「自分よりもよいところがない」とか、ただ「まあまあよい」と感じたとします。すると、その人はもはや羨望を引き起こすものを何も持っていないことになります。それによって、その人からの援助を受け入れることができるようになるかもしれません。さらに、人の価値をその状態まで引き下げた攻撃に対する罪悪感を経験しないことになります。なぜなら、攻撃はすでに価値のない対象に向けられていたと感じるからです。

混乱と疑念

その他の方法として、提供されたものが良いものなのか、悪いものなのかを知らないでおくということがあります。生じた利益や価値や良さを常に疑問に付すことで、羨望を避けることは可能です。これは、極めて微妙な形でなされ、「用心深い」とか「科学的」であるという装いで目にすることがあります。

人の成功を否認する

時として、クライエントは実際にはよくなったと感じても、そのことを報告しません。それは、治療者を喜ばせたくないという願いからです。実際に前にも進まず、惨めなままでいるかもしれません。それによって、母親／先生／治療者は、うまくいっていることに対して羨望を向けられることもなくなります。

羨望の投影と傲慢

自分自身の優位性、権力、社会的つながり、有名人と知り合いであること、魅力といったことを誇示することは、羨望を経験する代わりに、羨望を投影しようとする方法です。たとえば、ある成功譚やジョークに対して、それを遥かにしのぐような話をして超えないと気が済まない人もいます。思春期の人たちのなかには、性的魅力を誇示することで両親に年老いたと感じさせ、墓へと押しやろうとする人もいますが、その背景には、より成熟した大人の愛情ある性的関係に対する羨望の気持ちがある場合があります。

訳注

（一）「キャットオミート」「キティキャット」とも猫のえさの商品名。

第三部　洞察を得ることとそれを心理学的援助関係の中で生かすこと

はじめに

本書のはじめの数章では、心理学的援助関係に持ち込まれる希望と恐れとに注目しました。希望や恐れに関する期待は早期の関係によって深く影響されるため、乳幼児期における肯定的感情と否定的感情のルーツと、そこから生じる葛藤について詳しくみてきました。クラインは発達に関する全く新しい理論を提出した訳ではありません。むしろ、ジークムント・フロイトとカール・アブラハムの仕事を拡張し、深化させたのです。内的世界を築き上げる上でも、内的要素と外的要素が作用し合う上でも、空想が重要な役割を果たすとクラインは考えました。クラインは不安の主なものを二種類に分けて、それらと羨望とが個人のパーソナリティ構造と関係の発達に生まれたときから深い影響を及ぼすことを見出しました。それによって、なぜ個人によっては潜在する力を十分に発展させることができないのかについての理解がもたらされました。不安は、それが過度でない限り、発達を刺激し促進させます。ところが、心の痛みに耐えきれなかったり、あまりに早く過度の痛みに曝されたりすると、不安に対抗する防衛を採用せざるをえなくなります。そういった防衛は、制止や貧困化、不適応、精神的に病んだ状態につながります。その結果、その人自身や、その人を取り巻く人びと、あるいはその双方ともが苦しむことになるのです。

クラインは、精神病的不安を理解する道を拓き、パーソナリティ障害やうつ病の理解に新たな光を当てました。クラインの仕事は、特に早期の発達段階を対象としていますが、それはその後の発達に大きく影響を与えます。注目してほしいのは、神経症的な混乱はその下にある精神病的不安の層に根ざしているということ、そして精神病的不安はあらゆる人の心の奥に存在し続けるということです。精神病的不安のいくつかは乳児的な性質を持つため、把握し難いところがあります。普通の大人は、より原初的な空想と触れあっていることが難しいものですし、そのような空想を具体的に表現しても、全く信じられないというほどではないにせよ、しばしば不快なものと感じます。

そのような点から見ると、人間の本性について学ぶ者にとって、本書のような書かれたものによる伝達の価値は、おそらくとても限られたものとなるでしょう。概念の真実味と有用性について確信を得ようとするならば、ただクライエントとともに格闘することを通してしかありえません。深い苦悩にある大人や幼い子どもたちが「教科書に書かれているように」話すとき、これは「ただ理論だけの話」ではないのだと納得し、そういった概念が、患者とともに格闘し、患者を理解する中から生まれてきたことを確信するようになります。

この種の知識の価値は、検証が行われるかどうかにかかっています。説明がつかないような現象について理解できるような理論的枠組みを持っていると役に立ちます。けれども、その使われ方や適用される範囲、妥当性については、各自が自分で試してみて、決定しなければなりません。

この後の章では、どのような態度をとれば、何が起こっているかをよりよくみてとることができ、治療的な相互交流を育んでいけるかについて、そしてある種の落とし穴を避けるにはどのように洞察を用いればよいのかについてみていきます。

第一章　洞察を得る

二つの異なるアプローチの一例

医療ソーシャルワーカーのBは、後輩のAの依頼を受けて、L氏と会いました。Aは、L氏の息子を訓練施設に通うようにしてもらいたいと考え、それまでに何度もL氏の家を訪問していました。L氏の息子は、重度の精神発達遅滞と診断されていて、普通校も精神発達遅滞児の学校も彼の役には立ちませんでした。けれども父親は息子を訓練施設に行かせることに反対していました。Aは、息子さんが他の人と一緒に生きていき、技能や社会的スキルを向上させ身につけるためには訓練施設に通わせることが必要だ、と説明していました。また、施設に通うことの利点と、家に居続けることの不利な点についても指摘していました。

Aは消極的な抵抗に遭っていました。父親が主張したのは、息子は一度施設に行ってみた後に具合が悪くなったことがあり、家で母親と過ごす方が幸せなのだということでした。父親の頑とした拒否にあって、Aの無力感は大きくなり、それとともに、Aは自分がどんどん議論をふっかけて父親をせかしていることに気がつきました。最終的にAが感じたのは、父親はAに対して非常に怒っていて、これ以上有益な意見交換が望めないということでした。そこでBに助けを求めたのです。Aからの報告書には、父親は非協力的で独占欲が強く、息子を手放したがらず、教師が息子に教えることを望んでいないことが示唆されていました。

Bとの面接にL氏は遅れて到着しました。L氏が疲れて落ち込んでいることにBは気づきました。私に会いに来るのも大変だったのではないか、とBはL氏に伝えました。L氏はそれに同意し、来ることに意味があるのかどうかと考えていたけれど、思い直して、行って他の人の意見を聞いてみようと考えた、と言いました。L氏は、昨年のうちに息子にみられた改善点について話しましたが、その間、Bは何も言わずに聴いていました。L氏は「異常者が行くような所に」息子を絶対にやるものか、と言いました。

Bは、精神発達遅滞の子どもを持つという事実に父親が直面することができていないことを理解しました。また、父親が息子の能力のどんな些細なことにも注目して、息子は大丈夫だし、いずれは障害も克服するだろうと、ソーシャルワーカーにも自分自身にも証明しようとしていることを理解しました。父親にとって、訓練施設に息子を送ることは、精神科医の診断に同意することでもあり、希望を捨てることに等しいことだったのでしょう。Bが指摘したのは、息子がよくなっていると証明するのにL氏が懸命になっているようにみえる、ということでした。それを受けてL氏は、息子の障害は病気みたいなものだと思っているし、三年もすれば他の子のようになると確信している、と打ち明けました。それから、その病気の性質や原因について彼が空想していることを詳細に語ることができました。

L氏が話し終わると、Bは、あなたはすごく疲れているようにみえるし、十分睡眠をとっているのか気になると伝えました。それに対して、息子のことを心配していて夜も眠れないのだ、とL氏は答えました。そのとき初めてL氏の表情が明るくなり、これまで自分の睡眠のことなんかをわざわざ訊いてくれる人はいなかった、と言いました。Bは、「息子さんの障害についてあなたは恐れていて、昼間はそのことを心から追い出しておこうとしているけれど、夜になるとその恐れが本格的にあなたに突きつけられるのですね」と伝え、L氏はそれに同意しました。

L氏はBに再び会いに来ることにすぐに同意しました。Bにはっきりと分かったことは、父親が息子を訓練施設に送ることができるまでに、精神発達遅滞を否認していることに向き合う必要があるということでした。それには、ただその事実に向き合うというのではなく、否認するように駆り立てている背後の罪悪感と抑うつに向き合えるよう援助することが必要でした。

次に、Bとの面接が有益な意見交換となった要因と、Aが良好な関係を築き損ねた要因について検討していきましょう。

相手に合った設定を提供すること

Bがしたことは、相手に合った設定を提供することでした。それによってクライエントは、理解につながるような形で自分の問題を話す機会を与えられました。これは、物理的な設定のことを言っているのではありません。それは、心理援助者のオフィスか、クライエントの家でしょうから。また、心理援助者が属する機関の役割のことを考えることも重要ですが、そのことを言っているわけでもありません。この点に関しての議論は、本書の射程には含まれません。ここで探っていきたいのは、クライエントに対する心理援助者の態度によって提供される、**心理的な設定**(mental setting) なのです。

開かれた心でいること

まずはじめに、クライエントについてあらかじめ持っている考えをBは拭い去っています。Aの報告に影響されて、かなり頑固で非協力的なクライエントが来ると予想してもおかしくありませんでした。報告には以前はどうだったのかについて有益な情報が含まれていますが、それには探求を制止する効果があり、Bが自発的に応答することを妨げる可能性があります。クライエントのことを理解していきたいと思うのならば、その事例に関する事実をすべて知ることよりも、ほかの誰かの（そして自分自身の）意見に惑わされないことの方が重要です。事例に関する情報は普通後になってから見てもかまわないわけです。

見つけ出すことに関心をもつこと

何をすべきかということについてあらかじめ考えを抱くかわりに、Bはひとりの人間としてのクライエントに関心を示しました。話されたことに注意を向けただけでなく、非言語的なコミュニケーションに対しても同じくらい重要なものとして注意を向けました。つまり、クライエントの動きの鈍さ、遅刻、不安げな表情、生気のない容貌、声や目の死んだような様子に注意を向けたのです。Bは面接にあたって、何かを見つけ出したいという探求者の態度で臨みました。それは、物事がどこに行き着くのか分からず、だからこそ、すべての手がかりを関連していると捉える態度です。たしかに経験や有用な理論に基づいたガイドラインはあります。けれども、予想できない要素や人によってさまざまな反応が起こる要素が残されていますし、発見の楽しみも残されています。どの人に対しても独自の存在として近づいていくことが必要であると思われます。その上で心理援助者に課された仕事は、独自の資質と経験を持ったクライエントが、人生から課された問題に対してどのように取り組もうとしているのかを見つけ出すことです。

聴くことと待つこと

ほとんどの事例において、クライエントの問題や取り組む姿勢を発見できる最良の方法は、クライエントが好きなように面接を利用できるようにして、始めることです。制限が必要となってきたときでも、制限がクライエントや心理援助者、それにその機関を守るために必要なものだと思われる場合でなければなりません。しかし、必要な制限の範囲内でも、待ち、聴くことは役に立ちます。たとえばAは、「正しいこと」をする必要があるというプレッシャーと、精神科医を喜ばせたいというプレッシャーを感じていました。そのため息子を訓練施設に行かせるように、父親にプレッシャーをかけていたのです。前もって立てた目標によって、Aの感じ取り方は制限を受け、じっくり聴いたり見たりすることができませんでした。それだけでなく、父親が話し合いたいと思うような適切な雰囲気を作り出せなかったのです。もちろん、クライエントの方から目的を限定することもしばしばあります。例えば、「家をください。それがすべてです」などと言ってくる場合です。こうしたことからも、クライエントの関係の持ち方や心理援助者にどのような役割が求められているのかについて、非常に多くのことを知ることができます。

質問して答えるという形の面接は、表現の自由度を制限する傾向があります。一方で、しばらくの間、私たちがただ聴くことだけを心懸け、そのことだけに関心を注ぐのならば、クライエントは自分なりに話すことができます。重要な質問だったら後になってもできるはずですし、それには喜んで答えてくれるでしょう。また、いっそう意味のある形で答えてくれることでしょう。このようにすることで、クライエントが問題をどう感じているのか、人生の中の重要な人物との関係はどのようなものか、どのような空想を持っているのか、援助をさしのべてくれる人との関係の性質はどのようなものかについて理解する機会を得るのです。Bは、そのときそこで何が起こるのかについて、決まった考えを持たずに面接に臨みました。父親に対してどうしろと言ったり、質問したりするかわりに、Bは自由に聴き、観察することで、L氏がそのような特殊な振る舞いをする理由を見出しました。父親の方では、このソーシャルワーカーは自分のことを受け入れ、敬意を払ってくれ、大事にしてくれていると感じ、それによって自分の辛さを伝えることができました。また、息子の将来に対する心許ない望みを維持しようとして発展させてきた考えを、伝えることができました。

感情や空想を真剣に受けとること

息子に少しの改善がみられたことについて、L氏が話したということを思い起こしてください。L氏の言っていることが事実だと考えることは難しいように思われましたが、Bがすぐにその矛盾を指摘することはありませんでした。むしろ、そのことを、父親の切迫した状態を示していることとして捉えました。父親はかすかな望みにしがみつかざるを得なかったのです。Bが伝えることにしたのは、息子が正常なことについて父親はBに納得させたいと思っている、ということでした。この発言は問いかけにもとれると言えるかもしれません。父親はBが言ったことを問いかけと受けとって、息子の心の状態について彼が空想していることを事細かに話し続けました。Bは父親に食ってかかって「さあ、さあ、本当はそんなことないって分かってるんでしょ」などとは言いませんでした。Bの心の中では、事実がどうであるかについて非常にはっきりとしていましたが、この時点ではクライエントは空想にしがみつかざるを得ず、今のところ苦痛な現実を受容することはできないと考えました。（もちろん、そのときそこでクライエントに辛い現実に直面させることが必要であり望ましい状況もあります。たとえば、患者の入院が必要なとき、苦痛と取り組む時間はほとんどありません。辛い現実に直面させることが入院と同時に、あるいは入院後になされなければならないでしょう。）

Bには、必要なのはL氏に反論することではない、と分かっていました。そうではなくて、現実を否認する必要があることについて理解することが求められていたのです。そこでBは父親に睡眠のことを尋ね、不安と抑うつの感情にたどり着いたのです。Bが伝えたどの言葉も、関係や理解を一歩進めるものであったことが分かります。クライエントがそのときの感情を言葉にすることがあったならば、次のようなことを感じたといえるでしょう。すなわち「この人は私の言うことを聴いてくれる。自分の考えを押しつけたりしないし、私に幼いとか悪いとか狂っていると感じさせることもない。この人は私の気持ちや考えを、私にとっては重要なことだとして受けとってくれている。かといって、それに左右されたりしない。それでもなお私の問題について、この人なりに考えることができる」と。

他者が感じていることをどのようにして知るのか

他の人たちが感じていることを、私たちがどのように知るのかについて考えることには意味があります。一般的には、自分がその人の立場だったならどのように感じるだろうか、と考えます。あるいは、その人の身になったら、というように、その人の心と身体に身を置いたならどのように感じるのだろうか、と考えます。私たちはこのようにすることが可能だと感じていますが、それは自分が基本的な人間の考え方や動機、情緒的な反応をある程度共有していて、残りの部分は想像力で補えると思っているからです。たとえば、もし自分がL氏だったなら、そのような息子を持ってとても残念に感じるだろう、と思うこともあるでしょう。さらに考えを進めて、息子は多大な忍耐を両親に強いることになるにちがいない、そこでL氏の立場ならば、息子の教育について教師にも負担してもらいたいと懸命になるだろうし、毎日何時間か息子の面倒を見てくれることを喜ぶだろう、と思うかもしれません。

そのような感情移入はあるところまでは有益です。しかしながら、それは大雑把な案内役にすぎず、見当違いの想定をすることにもつながります。私たちがしているのは、その父親になったならこうなるにちがいないという**当て推量**にすぎません。そういった当て推量は、他の要因の中でも、災難やこの種の不幸に対処することができる個人の能力に基づいてなされます。私たちは、自分自身の心理構造に沿って、身体障害や精神病を持った子どもよりも精神発達遅滞児を相手にする方が楽だと感じたり、難しいと感じたりするのでしょう。クライエントは自分とは違う人間なのに自分に似ていると想定している限り、「誰かの身になる」ということに基づいた私たちの判断は誤ることになります。Aは、自分がクライエントの立場だったら、息子を訓練施設に送り出したいと思うだろうと感じていました。たぶんAは、クライエントよりも失望に向き合うことができるし、分別があるのでしょう。そしてそういった自分の能力に基づいて、クライエントに同じことを期待したのです。そのほかに、Aが不安に取り組むときの方法は行動することによってなのかもしれません。いずれにしろ、この種の「知ること」は、自分とは異なる人物を理解する道を閉ざしてしまいます。

では、それ以外の方法があるのでしょうか。Bが示したように、それは**受容的態度**（receptive attitude）の中にあります。すなわち、L氏の様子、L氏が多くの言葉を費やして語ったこと、遅刻に表現されていること、しぐさ、表情、伝わってきた気分や感情、そして**Bが感じさせられた**こと、を受け取ることの中にあります。Bは「L氏の状況に置かれたならば、どう感じるだろう」と自問する代わりに、そこで起こっていることやL氏が実際に感じていることをじっと観察しました。また、クライエントから伝わってくることを基にして、自分の中に喚起される感情や考えに注目しました（転移と逆転移についての章を参照）。そうすることでBの心の中に、あるイメージが形作られました。もしBがそのイメージを考え抜いて言語化したならば、次のようなものになるでしょう。「この人は、精神発達遅滞の息子を持つことに耐えられないでいる。そして、息子は大丈夫だと自分に信じ込ませ続けるために理論を発展させてきた。けれども事実の否認は不完全だ。彼の疲れた様子を見て、私は睡眠不足ではないかと思い、彼もそれを認めた。彼の睡眠不足からは、常に疑惑にさいなまれ悩まされていることが分かる。彼は不幸そうに見えるし、事実に向き合うことができないように思われる。なぜなら、すべてを知ってしまったのなら、絶望と抑うつに耐えることができないからだ」と。

他者の身になることの中には、想像力を駆使して、あたかも自分の心が他者の心の内側にあるかのごとくするということが含まれます。これは精神分析の用語では投影同一化（projective identification）と呼ばれます。というのは、空想の中で自分自身の一部を他の人の中に投げ込む（project）ことによって、その人のように感じるからです。言ってみれば、潜入捜査です。一方で、受容的態度で受け取ることは、自分の心を、他の誰かの投影によって心の中に誘発される振動や反響を感じ取る装置として、用いることです。このような受容性は、受動性と混同されてはなりません。その人がどのような人物なのかを心に銘記することができるまでに、発見しようとする態度をもっている必要があります。つまり、人が伝えてくることを受け止めることができるよう心が開かれているだけでなく、人が伝えてくることに注意を向けている必要があるのです。そういった態度は、その探査の範囲が限定されず拡がっているという点で、サーチライトというよりも、レーダー網と似たものとなります。

ビオン（Bion, 1962）は、この過程の性質をさらにはっきりと浮かび上がらせました。（自分自身の感情に触れながらもコントロールができている状態で）分析患者によって自分の中に引き起こされる感情に気づいていく中で、ビオンは、自分がある種のコミュニケーションに反応していること、また、患者が伝えたいと願っている心の状態や、患者が耐えることができない心の状態を感じさせられていること、に気づきました。そのような現象は、クラインの投影同一化理論（Klein, 1946）によって説得力のある説明ができる、とビオンは言います。つまり、パーソナリティの一部分を分裂排除し、他の人の中に入れることができるという空想が存在する、という理論です。この心のメカニズムは、パーソナリティの望ましくない部分を取り除くために使われる場合もあれば、コミュニケーションのために用いられる場合もある、とビオンは言います。このメカニズムは、空想の中で作動しているだけでなく、受け手からの望ましい反応を喚起するような行動や行為の様式を実際に引き起こします。赤ちゃんは、人生の初めから、自分が持ちたくない感情や母親に持ってもらいたい感情を母親の中に引き起こすように振る舞うことができるのだ、とビオンは考えました。この振る舞いによって、母親は赤ちゃんを理解することができるのですが、それは母親の中に投げ込まれた赤ちゃんの心の側面を感受することを通してなのです。そのような受け取り方は他者についての全く誤った結論を生み出すことは少なく、それゆえクライエントとつきあっていく上で、クライエントの状況に身を置くという態度よりも役に立つ態度なのです。その一方で、心理援助者の受容性は、その心理援助者が諸感情に触れているかどうかに左右されます。ある特定の領域において自分自身の感情に対して気づかずにいることがあると、重要な手がかりを見逃したり、歪んだ感じ方をすることになるでしょう。また、不安に対処することができないと、クライエントの感情に圧倒されてしまうことになります。この点に関しては、後の章で議論します。

クライエントが投影によって伝えてくることを受容する態度に関する理論は、私たちが直観（あるいは、妥当な逆転移）と呼んでいることへの理論的説明を提供してくれるといえるでしょう。それは大変役に立つものです。なぜなら、クライエントが心理援助者に及ぼす影響が、クライエントが心理援助者に持ってもらい**たい**と思っている感情を示す貴重な目安となることがある、と私たちに気づかせてくれるからです。クライエントが伝え預けてくることが幸せな感情であることもありますが、それより多いのはクライエントが耐えられない絶望感や抑うつや恐れの方です。どんな治療的作業でも非常に疲弊するのは、そういった理由があるからだということが分かります。他者が耐えることとができないと感じる感情を耐える者になるということは、実に骨の折れる仕事なのです！

この種のコミュニケーションはしばしば非言語的であり、意識的に伝えてくることに沿っていることもあれば、それと矛盾していることもあります。そのほかに、沈黙しているとき、私たちはクライエントが排除しておきたい感情を感じさせられます。多くの人が沈黙は耐えがたいと感じます。心理援助者は沈黙を敵意の表現として受け取る傾向があります。沈黙は敵意の表現であることも多いのですが、受容され理解されることへの絶望感を伝えていることもあります。あるいは、乳児のように言葉がなくても理解して欲しいという願いや、他の人と一体化したいという願いを表現していることもあります。相手に心配や気遣いを喚起したいという欲望に由来することもあります。心理援助者は、コミュニケーションの性質を手に入るすべての手がかりから探り当てなければなりません。また逆転移感情に気づくことによって探り当てなければなりません。

私たちがここで論じているのは、抑圧とは全く違った過程であるように思われます。抑圧が、葛藤を生じさせる情動を心の中で抑えつけることであるのに対して、投影同一化は、望ましくない感情を自分の心の中から追い出し、他の誰かの心の中に押し込むことと関連しています。

ここで記述したことには、私たちはある程度馴染みがあります。恐れや抑うつは「伝染する」と知られていますし、たとえば激しく落ち込んだ人物と長い間一緒にいるのは困難であることも知られています。共感することで、クライエントと同じような恐れや不幸を抱いたり、怯え落ち込んだりするのだという説明は、そういった要因がある程度は働いているに違いありませんが、説明としては不十分です。受容的態度でいる限り、私たちには要求されていることが**重荷だ**と感じます。「共有された悲しみは、半分の悲しみ」、不幸な人の「荷下ろし」したいという願い、そして「あなたに話すことができて、ほっとした」、こういう発言はすべて、痛みは追放することができるという心的経験と、自分とともにあるいは自分に代わってその痛みを耐えてくれる人物が必要であることを表現しています。投影同一化という心のメカニズムがあり、その上私たちが他者の心の痛みに感化されやすいため、その痛みを背負う者とさせられてしまうという理論は、そういった経験に深みと目的を与えてくれます。さらに、この理論は、そういった経験の持つ治療的意義について説明もしてくれます。

第二章　治療的相互作用

はじめに

情緒的生活は常に流動している状態にあることを見てきました。内的刺激や外的刺激に侵襲されることで、気分や感情の状態は絶え間なく変化します。内側から湧き起こる不安もあれば、身体的なストレス、苦痛な出来事、動揺させられる経験によって誘発される不安もあります。このような出来事に対処する能力は内的な資源に左右されますし、その時に内的資源を使うことができるかどうかに左右されます。多大な努力によって実際に危機に立ち向かい、思いがけない強さを発見する人もいるでしょう。あるいは、すでに限界まで張りつめていて、それ以上負担を背負えない人もいます。最も安定した人にとってでさえ、限界点は潜在しているのでしょう。肯定的な側面を見ると、統合へと駆り立てる力は、生まれながらに備えている力の一部分として存在しているのです。身体的スキル、社会的スキル、精神的スキルが上達することが、不安や混沌を統制することにおいて役に立ちます。幸せな環境、周囲にいる暖かく安定した人物は、経験や発達を豊かにする機会を提供してくれます。

このような相対的な統合と解体が不断に変化する状態を理解し、不安に対処できるようになることで成長するということを理解すると、クライエント－心理援助者関係の必要性と、そこから得られる利益が重要であることが分かります。

心理援助者がクライエントと初めて出会うのは、たいていの場合、クライエントが特別なストレス下にあったり、重大な危機にある時です。したがって、クライエントの不安は高まっていて、そのため混乱してみえることもあるでしょうし、他の時よりもずっと不安に対して防衛的なこともあるでしょう。この状態が治療的な介入に最適な時でもあります。というのは、不安がまだ「熱い」状態にある（あるいは、不安でクライエントは「冷たく」なっている）からです。そのような時こそ、クライエントが最も援助を必要としている時であり、心理援助者がクライエントの心の痛みに対して治療的に役に立つのに最適な時なのです。心理援助者が、不安のはけ口を提供し、クライエントがその時点で対処することができない過剰な不安を受け取る役割を果たすならば、そのことがクライエントに安堵をもたらします。また、クライエントの成熟した部分が前面に出てくる機会も与えられます。クライエントが、防衛的に振る舞い考える代わりに、苦痛な状況を理解し、それに向き合い、統合していく力を取り戻すことにもなります。それには時間が必要ですし、情緒的な痛みに対して辛抱強く、考えを巡らせ、包容していく心理援助者の能力が必要とされます。

心の痛みを理解すること、抱えること、包容すること

治療的相互作用についてさらに詳しくみていきましょう。前章に挙げた事例では、Bは、クライエントの絶望を感じ、言語化することができました。そうすることで、Bは自分が絶望感を受け容れることができることを示したのです。クライエントの目にBの姿はこう映ったのでしょう。「この人は大事にしてくれる。恐れたり逃げ道を探したりすることなく私の絶望を見つめ、それに耐えることができる。この人は絶望を感じても押し潰されないでいることができる。その様子をみていると、絶望は耐えることができるのだという希望が持てる」と。さらにBの態度からは、問題について話すことが解決を見出す方法となることがある、ということが示されていました。このように、BはL

氏をひとりの人間として受け容れ、クライエントの苦悩している部分を見つめる手助けをすることができました。絶望に浸ってしまうことなく、その部分をよく調べ、その部分に働きかけるために見つめることを援助したのです。複雑なコミュニケーションの過程を経て、クライエントに安堵とかすかな希望の光がもたらされました。

クライエントが自分自身の中に取り戻したのは、自分の中の扱いにくい、絶望した、不安な部分がBによって抱えられるかもしれないという可能性でした。Bの役割は、良い母親が子どもに対して果たす役割です。ウィニコット(Winnicott, 1955)は、乳児が母親によって身体的にも情緒的にも抱えられることが必要であることに注目しました。ウィニコットによれば、抱えること(holding)は、乳児の心の成長を「促進」します。なぜなら、抱えられることで、不安に対処することを学ぶ時間のゆとりが与えられるからです。

クラインは、赤ちゃんの複雑な心の生活を次のように理解しました。すなわち、自分の中の破壊的な要素を包容する能力には限界があり、そのため攻撃性や不安を投影したり投げ入れる人物として母親を利用する必要がある、という理解です。このようなクラインの理解に照らしてみると、抱える機能の性質は明瞭になりますし、受容性と抱えることがきわめて重要である理由がはっきりとします。それは、強い恐怖をもった赤ちゃんを世話し、抱え、包容することなのです。

受け手が心の痛みに耳を傾け、理解し、包容することができると、力動的な過程が展開します。受け手のこういった態度が治療的な交流となる過程について、すべてが明らかになっているわけではありませんが、その中の二つの要因についてはビオン(Bion, 1962)が探求しています。一つはクライエントについてです。自分の不安、攻撃性、絶望が受け容れられ、包容されていることに気がつくと、クライエントは、自分の恐れ拒絶している部分とともに生きることができる人が確かに存在している、と感情の上で実感することができます。それによって、恐れ拒絶している部分は万能の力をふるうものではなくなり、そういった部分に対する恐れは減少するのです。つづいて、恐れ拒絶している部分は愛情と気遣いによって結びつけることができるものだ、と感じられることもあります。理解し大事に扱ってくれるけれども、クライエントの感情に圧倒されてしまうことのない心理援助者とそういった経験をすることによって、クライエントは、自分の恐れ拒絶している側面を抱えてくれる容器（container）／母親を摂取することができます。

このモデルは、乳児が母親によって身体的にも情緒的にも抱えられている様子に基づいています。たとえば、乳児が怯えて泣き声をあげたのを聞きつけて、母親が抱き上げ、抱っこして歩き回ります。乳児を抱える母親の腕はゆりかごになり、それによって乳児がバラバラにならず、抱かれることでまとまり、救われたことが表現されます。注意を促したいのは、このような状況になるには、母親が乳児の恐れを理解することと、乳児の情緒的な欲求に沿った身体的な扱いで応答することの両方が必要とされていることです。

大人はたいてい、心理的な面で抱えてもらうだけで十分です。なぜなら、情緒的な欲求が理解されたり緩和されたなら、ほとんどの場合自分でなんとかやっていくことができるからです。まれに、施設という設定が必要となることもありますが、それは施設が破壊的な衝動から守られる安全な抱える環境を実際に提供するからです。場合によっては、「問題家族」でみたように、理解したことに沿った行動が重要なこともあります。けれどもその行動が、心理援助者の何かをしなければならないという欲求に基づいていて、クライエントの切迫した要求が内的な情緒的切迫感から生じているという理解が欠けている場合、クライエントはさらに絶望し、防衛的な態度を強めることになるでしょう。

赤ちゃんでも、子どもでも、大人の場合でも、適切に応答してもらえないと、攻撃性や抑うつや強い恐怖に他の人は耐えることができないのだという感覚を抱くようになります。そのような感情は、制限したり拘束したりすることのできない万能の力を持つと感じられ続けます。また、そのような感情は、際限がなく特定できないものとして体験されるようになります。あるいはビオン（Bion, 1962）が名づけたように、「名づけようのない恐怖」として体験されるようになります。もう一方で、クライエントの強い恐怖を受容し抱えることができる母親／治療者は、クライエントの心の内側に，耐えることができる恐怖の体験が成立することを可能にします。それによって，強い恐怖と絶望と並んで，希望が存在するようになるのです。これは，怯えた「赤ちゃんの部分」が母親によって抱えられるという関係のイメージです。あるいは，ある患者が言ったように「かごの中の卵」という関係のイメージです。このイメージは，強い恐怖が現実にあるということを，抑圧にみられるように否認したり，無視したりしてはいません。母親／治療者がうろたえたり，崩れてしまったり，恐れから目を背けるようにさせたり，はぐらかしたり，見捨てたりする代わりに，抱え続けてくれている場合，そのような母親／治療者から与えられる愛情と支持は，恐怖と同じくらい現実的なものであるため，強い恐怖に対処できる割合が大きくなるというイメージです。

子どもも大人も，不安や痛みに勇気をもって耐え抜く人がいる例を見て，勇気づけられます。その一方で，親や権威者という立場にいる人の中に見出される偽善や浅薄さといった弱さによって，自分の怯えた部分や攻撃的な部分に対処しようという試みは蝕まれます。世話，包容，勇気，耐久性はおそらく，いわゆる支持的環境や非指示的な支持療法による状態改善の基礎となっているのでしょう。

心の痛みの包容に関連して，あるいはそれに付け加えて，もう一つ要因があります。それは親の能力に関するものです。世話したり心配したりするだけでなく，漠然とした感情に対して考えたり，明確化したり，識別したり，名前を与えたり，その感情を意味のある事柄と結びつけ，そうすることで痛みを和らげたりする親の能力です。ビオンは母親の「もの想い（reverie）」について述べましたが，それは赤ちゃんと赤ちゃんの感情状態とを愛情を持って考える母親の能力のことを指しています。母親のもの想いは，耐え難い苦悩をより輪郭のあるものへと変化させ，それによって苦悩をより安全に経験できるようにするといった一種の心の消化に相当する機能を果たす，とビオンは示唆しています。ここで分かりやすい例を挙げましょう。ある女性が，頭のてっぺんの所に圧迫感を感じると訴えていました。その圧迫によって押し潰されてしまうと彼女は確信していました。その圧迫感について医学的な原因は見つかりませんでした。最初の課題は，この圧迫感がどのように感じられているかを探求し，それが不安から生じて身体的なものとして経験されているということを理解し、その後に考えの性質を探求することでした。彼女は、もしその考えを知ることになったのなら、自分はそれに押し潰されるのではないか、と恐れていました。この患者は、ある日こう言いました。「あなたに私の汚れた洗濯物を送ります。そうすると、洗濯物はきれいになって、畳まれて順序よく積み重ねられて返ってくるのです。」漠然とした暗い感情を経験するのではなく、それがどのようなことなのか理解できる時の方が、ずっと安心をもたらします。同様に、抑うつなのか絶望なのか、絶望なのか迫害感なのかを区別し、あらゆるニュアンスの違う感情を理解することは役に立ちます。心の秩序は、的確に名づけたり、感情を同定したりすることでもたらされることがあります。そうすると感情は、漠然として輪郭がない時よりも扱いやすくなるのです。

情緒的な痛みのさまざまな抱え方

未知のものに対する疑念や恐れを抱える

私たちの多くは、自分が何もしていないと感じているのに、クライエントに有意義な面接だったと感謝されることがあります。おそらく、クライエントはある問題にとらわれていたのが、面接をすることで問題を整理し始め、そこで劇的な改善が行われたのでしょう。その場合、心理援助者は何かを**した**のだけれども、そのことのクライエントにとっての価値を過小評価しているのではないかと思います。心理援助者は関心と理解を持って耳を傾けます。おそらく、クライエントの陥っている難局を正当に評価し、あるいは、誰かを責めることをしなかったのでしょう。面接の中のあちらこちらで、問題点を明確にするのに役立つ重要な質問をしたのかもしれません。

簡潔な例を挙げましょう。G夫妻は、十歳になる娘が一年半にわたって夜尿をしていることをケースワーカーに相談しました。学校からも集中力が欠けていると言われていましたし、両親も娘が話をしなくなったと言います。両親が娘の問題歴をほとんど話した後、ケースワーカーは、娘さんの症状が始まるちょっと前に何か重大な出来事があったと考えられませんか、と尋ねました。すると、その子が深く愛情を感じていた祖母が亡くなったことが浮かび上がりました。「そんなことはこれまで考えたことがありませんでした」と両親は大声で言いました。それはあたかも突然灯りがともったようで、両親は、おそらく祖母の死のことを話さないようにしていたのは間違いだったのだ、という考えに自分たち自身で達しました。両親は、自分たちが苦しかったことと、娘が動揺するといけないと思ったことから、祖母の死について話さないようにしてきたのです。ここにきて両親が思いついたのは、娘は祖母の死について黙っていることを、両親が祖母のことを大切に思っていないこととして受け取っているのではないかということでした。娘は両親から切り離され、ひとり悲しみと恐れと疑念とともに取り残されていると感じているに違いありませんでした。この面接の一カ月後、両親は手紙を送ってきました。そこには娘に話をしたと書かれていました。その子は今ではずっと元気になり、夜尿はなくなりました。この症状は涙の代わりだったように思われます。

ケースワーカーが、自分の意見やアドバイスを与えていないことに注目してください。ケースワーカーは、両親が考えたり理解しようとしているのに割って入ったりはしませんでした。その代わりにケースワーカーが提供したのは、両親が話を聴いてもらい、自分たち自身の考えに耳を傾け、手がかりを見つけ出そうとすることができるような設定だったのです。こういった働きは、そこそこの不安を持ったクライエントには適当だと思います。クライエントは「知らないこと」に向き合わなければいけませんが、そうすることで、混乱するのではないか、答えが見つからないのではないか、疑いと絶望に沈んでしまうのではないか、という恐れが引き起こされます。心理援助者は、こういった恐れを入れる容器（container）の役割を果たし、自分がすべて分かっているわけではないという態度を示すことで、クライエントが自力では成し遂げられない課題を成し遂げることができるようにするのだ、と私は思います。

ある一定期間抱える

問題が長期間、広範囲にわたっている場合、簡単に解決が得られたり、心の変化が起こったりすることは期待できません。ただ、再発を繰り返しながらもゆっくり進んでいくほかありません。この場合、クライエントに要求されるのは、治療に取り組むことの有用性への疑いと失望に耐える能力です。心理援助者の方も、望みがないように感じさせられ、あきらめたいという誘惑に駆られます。苦痛な情緒的作業にかかる時間の長さや、クライエントに希望と力の素を提供し続ける価値を、心理援助者は甘く見積もっているのかもしれません。クライエントは、あきらめない辛抱強さと寛大さを備えた人物を必要としていますし、自分の過去や長所や欠点について知っていて、いつでも関心を向けてくれる人物を必要としているのです。心理援助者が世話し抱える親として提供する安全感は、クライエントにとってその期間に唯一手の届く安全感なのかもしれません。あるいは、それまでに知っている唯一の安全感なのかもしれません。

しかしながら、心理援助者が依存を奨励しないことは重要です。自分を非常に頼りにしている人がいることで満足感を得たいがために、依存を奨励したいという誘惑に駆られるかもしれません。けれどもそれは、成長し、最終的には人の助けを借りずにやっていきたいというクライエントの欲求を妨げます。心理援助者がクライエントのことを、その程度がどれほど限られているとしても、大人としての態度と責任を担うことができる人物として認識することは必要なことです。クライエントの弱い部分、苦悩した部分、あるいは法を犯すような部分が、クライエント自身によって見つめられ、抱えられ、ついには統合されるのは、心理援助者がクライエントの成熟した部分とともに作業するという文脈の中においてなのです。

葛藤を包容する

葛藤は主にクライエントの心の中で経験されるものですが、クライエントの持つ諸関係の中で行動化されることも、両方が混ざり合って体験されることもあります。多くの心理援助者が、夫婦や家族全体に関わる貴重な仕事をしています。そのような事例では、心理援助者は家族の葛藤を包容することで、家族を包容し結びつける役割を果たします。そのような枠組みを提供することで、家族は、お互いの関係が壊れてしまうのではないかと感じることなく、安心して不満に思っていることを口に出したり、敵意を顕わにしたり、お互いに対してどう思っているのかを探求するようになります。このようにしてコミュニケーションや探求や理解が確立するのでしょう。

これは、除反応（abreaction）と区別されなければなりません。私の理解によれば、除反応には衝動の行動化というニュアンスがあります。クライエントが幼児的な態度に浸るように刺激してもいけません。ここで述べる治療的作業は、言葉や考えで表現された感情をじっと受け入れ、行動による表現を許容することは限られた範囲にとどめることにあります。心理援助者は、クライエントの中の正気で成熟した部分と協力して取り組みます。乳児的な考えや感情は振り返ることで明らかにされますが、それは理解してそこに働きかけるためにです。集団療法や個人療法の場合でも、パーソナリティの中の異なる部分や、その部分が表現され他のメンバーに投影される様子を見つめます。たとえば、愛する部分と憎む部分、理想化された部分と迫害されている部分、万能な部分と無力な部分、責任を持ち配慮の行き届いた部分と、無責任な配慮のない部分。心理援助者は、これらの部分が全体のうちの一部分をなしていることを意識し、異なる部分の共存によって生じる葛藤に持ちこたえることができるならば、これら正反対の部分を包容し、悪い面があるにもかかわらず、全体としての人／家族／集団に対して配慮し続ける心理援助者の能力によって、クライエントは自らの内側に葛藤を抱えやすくなり、お互いの関係の中でよりよく力を発揮することが容易になります。

怒りや無力感を包容する

理解によって不安が和らげられるという見通しがあっても、不安が過剰なためにクライエントが心理援助者を容器として用いることができず、自分の中に持っておきたくない部分をとにかく取り除くために心理援助者を用いることがあります。そのような場合でも、抱える機能は違った度合いで働いています。そういった事例では、クライエントは心理援助者に苦痛だけでなく無力感も生み出すように振る舞います。

例を挙げましょう。H氏の子どもは、ネグレクトと学校に出席していないことから、裁判所の命令で家から離れて暮らしていました。ケースワーカーは、自分のすべき仕事は二つあると感じていました。それは母親が自分の感情に対処するのを援助することと、子どもとの連絡が絶たれるわけではないことを母親に保証することです。ケースワーカーは養護施設に子どもを訪ね、母親について話をしました。というのも、H夫人は自分で子どもに会いに行くことを拒んでいたからです。

ケースワーカーがH夫人を訪ねるといつも、目の前でドアが閉められました。ケースワーカーは拒絶され、完全に無力だと感じました。ケースワーカーが認識していたのは、子どもを連れ去られたときに母親が感じたと思われることを、まさに自分が体験させられているということでした。それは怒りであり、何もできないという無能感でした。また、それがこの母親がくりかえしているパターンであることもケースワーカーには分かりました。というのもこの母親は、自分でなんとかできると言い張り、迷惑だと抗議することで、ケースワーカーに役に立たないと感じさせ、援助するのをあきらめさせることに成功してきたからです。ケースワーカーが考えたのは、もし自分も失敗したなら、母親は、援助しようとしている人をまた一人滅ぼしていると感じるだろうということでした。一方で、もし自分のやり方をこの家庭に押しつけたり、母親をしつこく追い回したなら、この母親が抱いている、権威者というものは干渉してきては処罰するのだという信念を強めてしまうだろう、とも考えました（この状況は、子どもが食べ物をまるで毒であるかのように拒否するのを見て、母親が無理矢理その食べ物を子どもの喉に押し込もうとする状況に対応しています。一方で、自信のある母親なら、その拒絶に対して寛容でいられることができ、子どもが現実を検討してより信頼できる関係にたどり着けるような機会を与えることができます）。ケースワーカーは、この状況で自分が無力感にうろたえていることに気づき、そのような感情はクライエントが持ちこたえることのできない感情で、それを自分の中に投げ込んできているのだ、と気づきました。しかし、どのようにすれば母親の中にある、援助を必要としている部分に触れることができるのでしょうか。ケースワーカーはＨ夫人に手紙を書きました。そこに書いたことは、これが関係の終わりでないことを望んでいること、母親が非常に怒っているにちがいないことは実感しているけれども、母親がいろいろ感じながらもひとりぼっちでいることも分かっている（何年も前に夫は彼女を捨てて出て行ったので、この母親は実際に一人暮らしで、友達もいませんでした）ということでした。二日後、母親が承諾した約束の時間にケースワーカーが訪ねていくと、母親はケースワーカーにきつい言葉を投げつけ、怒鳴りつけました。「どうぞご自由に子どもを連れ去ってください！」と。ケースワーカーは母親が怒鳴り終わるまで待ちました。強い衝撃を感じましたが、自分自身をコントロールできてはいました。最終的にケースワーカーは母親に次のように言うことができました。子どもが連れ去られたとき、かけがえのない絆が壊されてしまって、その子との関係は二度と修復できないのではないかとあなたが恐れているように、私には感じられます、と。ケースワーカーが、クライエントの**不安をまず取り上げて、それに対する防衛は取り上げなかった**ことに注目してください。後になって、ケースワーカーは母親に指摘しました。私が訪ねたときドアを閉め、子どもを訪ねていかないことで、あなたは自分自身を傷つけるように振る舞い、実際に子どもとの関係を終わらせている。けれども私は、あなたがあなた自身にも子どもにとっても、もっと良いことがあるのを望んでいるのが分かります、と。

罪悪感と抑うつを包容する

Ｋ夫妻は、子どもが死にそうだと知って、深い悲しみに沈んでソーシャルワーカーの元を訪れました。彼らは、子どもが病院で受けている治療に疑いを持っていると言いました。それに続けて、もっと早く病気に気づけなかったことで自分たちを責めました。両親、特に母親の方は、ソーシャルワーカーと非常に親しい依存関係を形成しました。ソーシャルワーカーは、ショックと抑うつがみられた初期に両親を支えていました。その後から、ソーシャルワーカーは母親のことが気懸かりになりました。母親は夫に対して、子どもの死を嘆き悲しんでいないと責めていました。

自分は死んだ赤ちゃんのことを考えて夜眠れないのに、夫の方は寝ていられる、と。母親が他の子どもの欲求について目に入っていないことも、ソーシャルワーカーにとっては心配なことでした。たとえば、葬式の次の日、三歳の子が明らかに不安で、母親のそばにいたいと望んでいるにもかかわらず、母親は学校に行くように強く言いました。数週間後には、一番上の女の子の誕生日プレゼントを買うのを渋りました。ソーシャルワーカーが頻繁に会いに来てくれて、必要な時には連絡を取ることができることに、母親はとても救われていました。彼女が話すのはほとんど死んだ赤ちゃんのことでした。難産だったことや、授乳がうまくいかなかったこと、それにもう子どもを産むことができないことを話しました。

赤ちゃんが死んで二カ月たったとき、母親はすぐにでも養子をとりたいと宣言しました。それは喪った子どもを埋め合わせることで、そうすることが良い母親であると自分に証明する唯一の方法なのだ、と言いました。ソーシャルワーカーは母親に、そうした置き換えは、良い母親ではなかったのではないかと疑う苦痛な感情から逃れるためではないか、と伝えようと努めました。母親は意見を変えず、ソーシャルワーカーが養子の申し込みに賛成してくれないのなら、もうこれ以上ソーシャルワーカーとは関わらないと脅しました。話し合いは不十分なままでした。

罪悪感や悲嘆や抑うつに触れる瞬間もありましたが、クライエントはソーシャルワーカーから離れていきました。この件に関して夫は妻に賛成しているようでした。母親は仕事に就き、役に立っている感じがするし、うれしく感じていると報告してきました。けれども電話での様子は躍起になっているように聞こえました。

母親の急いた行動が表しているのは、耐え難い感情から逃れるために何かしなければならないという心の中の切迫感だと認識していたので、ソーシャルワーカーはますます憂うつな気持ちになり、母親が破滅に向かっているのではないかと心配になりました。ソーシャルワーカーは母親を家に訪ねてみましたが、いつも留守でした。

ここにきて、ソーシャルワーカーは抑うつ感を深めました。やれることがあったのではないか。どこかからうまくいかなくなったのか。もし母親が破綻したなら、自分は仕事を全うしたといえるのか。どうしたらそのような悲惨な結果を避けることができるのか。言い換えると、ここで**ソーシャルワーカー**は、**自分の**「子ども」を喪ったと感じているのです。自責、罪悪感、抑うつといった失敗と喪失にともなう感情すべてを、ソーシャルワーカーは感じたのです。ソーシャルワーカーは自分自身の苦しみに加えて、クライエントになり代わって不安を感じているのです。ソーシャルワーカーは絶望と落胆を強く感じました。しかしながらソーシャルワーカーは、この苦痛な経験に**ただ**耐えるだけの能力に基づいて、こういった感情を投影したことでクライエントがいくらかは救われているのではないか、という希望を持ちました。また、手紙で連絡を取り続けて自分が辛抱強くあきらめないでいると示すなら、クライエントはいくらか慰められ、最後には戻ってくるのではないか、とソーシャルワーカーは期待しました。

確固とした包容を提供する

内側から湧き出る破壊的衝動との葛藤が生じるのを避けるために、自分の中の愛する能力や責任を負う能力を排除する人もいます。そういう人は、私たちが受け入れたり容認したりできないような行動をとります。もしそれを受け入れたなら、その人の冷酷さや反社会的なところと共謀するのと同じことになってしまいます。言動において、私たちはしっかりした親の役割を果たし、同時にパーソナリティの良い側面をその人が取り戻せるように努める必要があります。そのようなクライエントは、クライエントのパーソナリティの中には価値のあるところや役に立つところがあるという心理援助者の信念に重い負担をかけます。もちろん、どのくらいまでクライエントが自分自身のコントロールができ、どの程度私たちが自分や他者を危険から守る必要があるのかということを、私たちは明確にしておく必要があります。

例を挙げましょう。非常に難しいクライエントですが、うまく対処できた例です。X氏は自分の一番上の娘をレイプした罪状で二年間服役し、最近になって釈放されました。彼が男性の児童保護官に会うのを拒否し、子どもたちに会わせようとしない職員は皆殺しにしてやると脅したので、当該機関には大きな不安が広がりました。

女性の児童保護官であるCとの初回面接で、X氏は、自分は誤解されているし、容疑は「仕組まれた」ものだと言いました。Cは静かに、けれどもきっぱりと答えました。「あなたの言い分は聞きたいと思っています。けれども、証拠は十分に立証されていると思います。もしあなたの気持ちを話すことができて、それがどんなふうに行動に影響を与えたのか話すことができれば、それがあなたの役に立つかもしれません。そんなふうにしていると、別の解決策がなんとか見つかるかもしれません。そうすれば、子どもとの縁が切れる代わりに、いつか子どもに会うことができるようになるかもしれません。私には週に二回会うことができます。けれども暴力的な行為は受け入れられませんし、約束をすることもできません」と。Cは、ほかの人たちとこの事例を議論する中で、嘘の約束をすることで彼を欺くことをしないで、正直に接し、限られた目標を設定することがとても重要であった、と感じました。

じきに妻との関係が面接の主な話題となりました。彼の妻は、彼が暴力をふるうのでもう一緒には住みたくないと思っていましたが、思い切って彼と向き合う勇気もありませんでした。X氏は、児童保護官のオフィスで妻と会うように設定しました。X氏と対面して、妻はきっぱりと彼には帰ってきてほしくないと言いました。X氏は立ち上がって、首を絞めるようにして妻に掴みかかりました。Cは彼の手首を掴んで言いました。「やめなさい。行動に訴えてはいけません。それは何の解決にもならない。あなたをこんなふうにさせておくわけにはいきません。」彼は掴んだ手を放しました。それからCは妻に帰ってもらいました。X氏は、自分を何とか抑え、言葉で自分の怒りを表現することができましたが、家に帰ったら妻を攻撃すると脅かしました。CはX氏に言いました。「そんなことをしたら、あなたの妻だけでなく、あなた自身も傷つけることになる。自分の人生を良くしたいという気持ちについて考えるなら、また妻をひとりの人間として考え、子どもたちのことを考えるのなら、あなたは自分の感情をコントロールすることがきっとできる、と私は思っている。もし自分自身をコントロールすることができないのなら、私はあなたを気の毒に感じる。なぜなら、そうなるとまた法に触れることになって、刑務所に逆戻りすることになるのだから。感情のコントロールが効かなくなりそうになったときには、私に連絡を取りなさい」と。

翌年には、X氏は時を選ばずにCに会いに来て、その日の何時にどこでならCと会うことができるか知りたがりました。彼はCを独占したがり、周りに誰もいない時にCに会おうとしましたが、Cに対して一度も暴力をふるいませんでした。

ある時、彼は幼稚園で妻を待ち伏せ、三歳になる一番下の娘を妻から奪い取りました。幼稚園の園長が警察を呼びますと言うのが聞こえたので、その子どもと一緒に逃げ去り、まっすぐにCのオフィスに来ました。Cは彼に言いました。「こんな行動をして、他人があなたを信用するようになると思いますか。あなたが子どもに近づくことができるように裁判所に申し立てるには、あなたは自分が理性的な人物であると証明する必要があります。そうすることは、あなたの子どもの気持ちを大切にすることでもあるのです。」それに同意して彼は言いました。「この子はほとんど私のことを知らない。準備も母親の同意もなく、無理矢理に連れてこられたのはこの子にとってよくない」と。X氏がその子に対して優しく扱ってきた印象を、Cは持ちました。というのは、その幼い女の子がさほど怯えていないようにみえたからです。最終的にX氏は自分で判断を下し、Cが娘を母親の元に返してくれるように頼みました。

徐々に、X氏はCにあまり要求をしないようになりました。酔っぱらったり暴力的な気分になったときにCに電話するくらいで十分になりました。このようにX氏はCを、他者や自分自身を傷つけることのないように十分に配慮してくれる親として用いたのです。Cは彼の正気の自己の容器となっていたのだと思われます。そして、Cが彼の良い部分に対して寄せた信頼が、良い部分を発展させたいという彼の願いを強めることになりました。Cは、うわべだけ安心させるようなこと（false reassurance）をしませんでした。むしろ、衝動と行為との間に考えと時間を介在させるようにX氏を励ましたのです。このようにしてCは、X氏が自分自身をコントロールすることを学ぶのを援助しました。それは、まさしく慈悲深いけれども毅然とした親が、育ちゆく子どもたちの攻撃的な行動に制限を設定する必要を感じる時のようです。私たちがこのように制限を設定するのは、個人として社会の一員として自分たちの利益になるからというだけでなく、過剰な破壊性は必然的に処罰や過剰な罪悪感に通じると知っているからなのです。

ここまで、クライエントが心の痛みを包容する容器として心理援助者を用いるさまざまな方法をみてきました。心理援助者を容器として用いることでクライエントが表現していることは、苦痛な感情を排除して誰かの中に投げ入れることが必要だということです。その場合、心理援助者にはその感情を包容することができるくらい強くて耐久性があることが望まれています。心理援助者は母親のような役割を果たします。すなわち、子どもが作り出した混乱を取り去り、整理し、徐々に子ども自身で同じことができるように援助するという役割です。拒絶され、怒った母親の例（H夫人）にみられたように、クライエントが攻撃的な感情を吐き出している時でも、心理援助者を治療的に利用していることがあります。攻撃的な感情を向けられていることは、実際には心理援助者の能力を認めている証なのです。つまりそれは、心理援助者が報復することなく言葉での攻撃に耐えてくれるという信頼のしるしなのです。これは、羨望に基づいた本当に憎しみのある関係と区別されなければなりません。容器になってくれるような良い関係を求めているクライエントは、心理援助者に非難を浴びせるかもしれませんが、羨望の強いクライエントの方は、まさに心理援助者が実際に役に立つと分かったときに、心理援助者に自分には良いところがないと感じさせるのです。

行動と洞察を組み合わせること

クライエントに何かしてあげることを避けたいと思っても、また、それをクライエント自身がするように援助したいと望んでいたとしても、行動が必要とされる場合があります。

今にも崩れそうな母親

Y夫人は哀れな状態で現れました。疲れ果てているように見え、非常に動揺した様子でした。彼女はもうこれ以上対処できないと言いました。夫は病気で入院していました。彼女は子どもたちの面倒をみて、夫を見舞い、家をきちんとしておこうとして必死になっていました。彼女は堰を切ったように話し始めました。「ただ子どもたちを連れて行ってくれれば助かるんです。ほんの少しの間でいいから。そうすれば、少し寝ることも休むこともできます。」ケースワーカーは自分の役割としては選択の余地はないと感じ、引き止めて母親のことをもっと聞き出そうとしました。母親は既に泣き出しそうになりながら必死に言いました。「結局、助けてはくれないのね。何にもしてくれないのね。」ケースワーカーはY夫人に、決定を下す前にもう少しそのことについて考え、ほかの選択肢やその決定が子どもたちに及ぼす影響について考えるべきだ、と説明しようとしました。母親の切迫感と動揺が大きく、そこには子どもたちの幸せについての気懸かりも混じっていたので、最終的にケースワーカーは、母親はもう限界に達していて、休みが必要だということに納得しました。それは難しい決断でした。というのは、子どもたちは幼く、母親からの分離が悪い方に影響する可能性があったからです。一方で、ホームヘルパーは利用できませんでした。もし、この取り乱した母親が倒れることにでもなると、子どもたちにとっては、一時的に養護施設に預けられるよりも、もっと悲惨な経験になると思われました。ケースワーカーは、子どもたちを二週間だけ預かることに同意し、母親が子どもたちを連れてくる日と、養護施設を訪問する日と、そこから連れて帰る日を設定しました。それと一緒に、それほどまでに絶望的に感じるようになった問題について話し合うため、母親との面接も設定しました。

結局のところ、この決断は正しかったことが分かりました。母親は、同意した期日よりも長く子どもを預けておこうとはしませんでした。子どもの面倒をみなければならないというプレッシャーから解放されたことが役に立ちました。そして、ケースワーカーとの面接を利用することで、その後十分に対処することができるようになりました。

家にお金がない

児童相談所に警察から連絡がありました。というのは、給付金の支払いについての話し合いが決裂した後、V夫妻が自分たちの四歳の子どもを社会保障省の地方支庁に捨てていったからです。

支払いを担当している支庁が児童保護官に伝えたのは、V氏は入院していたが、退院後も診断書を提出せずに給付金をもらい続けていたこと、その上、支庁から送られた二枚の小切手を、実際には現金にしているのに受け取っていないと言い張ったということでした。児童保護官はその子どもを引き取って家族の元へ返し、その機会を利用して、「子どもを置いてきたのは社会保障省になんとかしてもらおうとしただけでなく、自分たちの家族がどれほど貧窮しているか知ってもらいたかったのではないかと思う」とV夫妻に伝えました。それに対しV夫妻は、食費やガス代を支払うお金がないのですと言いました。家賃の支払いも滞っていて、最近になって分かったところでは、分割ローンの返済も滞っていました。

児童保護官はジレンマに置かれました。ゆすられているのではないかとも、騙されているのではないかとも思いました。もし彼らにお金を渡すとすると、不誠実な滞納行動に加担し、それを支持していることになります。そうなると、児童保護官はV夫妻に軽蔑されかねない立場に追い込まれます。児童保護官に課された重要な仕事は、この夫婦が危機的状況を生み出すことになった理由と感情を見出すことだとは分かっていました。にもかかわらず、この夫妻に現在の危機を乗り切ってもらうまでは、その仕事を始めることができないと感じました。というのも、彼らを極貧の状態にしたままにすることは残酷に感じられ、思いやりがないと彼らから思われるように感じたからです。

このような状況に置かれて、児童保護官は二つの気持ちの間の綱渡りをしなければなりませんでした。一つは、クライエントの破壊的な部分を支持し、それに脅迫されているように思えるという気持ちで、もう一つは、最低限の生活のためのもっとも逼迫した要求を断ったのなら、思いやりがないようにみえるという気持ちでした。一方では、騙された愚か者とみなされてもおかしくありませんし、もう一方では、冷酷で懲罰的だとみなされてもおかしくありません。いずれの場合でも、クライエントの不正行為をさらに促すことになるかもしれませんでした。その上、多額のお金が与えられたり、同じような状況が再び認められるとすると、理想的な母親／国家があって、永久に家族に食べ物を提供し、支援し、救済することが義務とされているのだというクライエントの思いを強めてしまうのではないかとも思われました。そうなると、搾取が行われていることになるため、ますます迫害による罪悪感を強めることになりかねず、クライエントの乳児的な依存を強化してしまうことにもなるでしょう。

V夫妻にどの程度までこの危機を作り出した責任があるかはさておき、自分の気遣いを示すために少額のお金をあげることによって彼らに乗り切ってもらうのが正しい、とこの児童保護官には感じられました。同時に児童保護官は、これは一度きりの援助で、今後のあなた方家族との仕事は、なぜこのような状況に陥ることになったのかを理解していくことになります、と伝えました。初めのうち、V夫妻は協力的ではないようにみえました。反対に、彼らは、V氏が実際は働いていないのに働いている、と児童保護官に確言しました。彼らはまた、児童保護官がくれたお金の額では不十分だし、似たような環境にいる者が受け取っている額よりも少ない、と不平を言いました。しかしながら、児童保護官が夫妻の行動を理解しようとするのに加えて、毅然とした態度を取るようになると、状況は変わりました。つまり、ごまかされたままではいないという態度を見せたのです。夫妻は、V氏が職場に復帰していないことや、復職しないのは、難聴であることが他の人に知られて、からかわれるのではないかと恐れているためであることを児童保護官に話すことができました。

V氏は、劣等感や迫害感に向き合うよりも、自分が外的世界の事柄にうまく対処することができないのだと伝えることの方が楽であると思っていたようでした。児童保護官は最終的にこういった感情に辿り着くことができたのは、一つに自分は理解することに努めると伝えたからです。これまでみてきたように、はじめのうち児童保護官は、V氏からの無力感の投影を受け止め保持していました。つまり、自分が不適切だと感じたのは**児童保護官**の方だったのです。なぜなら児童保護官は、クライエントによって、どちらの行動をとっても間違っているという状況に陥らされていたからです。同時に児童保護官は、不誠実であったり、「私には関係ない」という態度をとったりするよりも、無力感に対処するのにもっと建設的な方法があるということを態度で示しました。このようにしたことで、V氏は、児童保護官とともに自分の本当の問題に正直に向き合うことができたのでしょう。その結果、劣っているという感情と、からかわれるのではないかという恐れを認めることができたのです。ひとたび彼の乳児的な感情が児童保護官によって理解され共感をもって聴かれると、将来に向けた建設的な計画を立てることができるようになりました。彼は補聴器をつけることにし、難聴が仕事の妨げにならないような職を見つけました。

積極的な介入をする上で考慮すべきこととケースワーカーの態度

上述した二例のように、仕事の性質上、ケースワーカーは積極的な役割をとらなければならないとしばしば感じます。難しいのは、まさに次に挙げる事柄にあるように思われます。(a)どれほどプレッシャーを感じていても、いつ積極的介入を差し控えればよいかが分かること、(b)関連する感情をあらかじめ考慮することなしに行動しないように洞察を働かせること、(c)ケースワーカーの行動が、クライエント自身とケースワーカーについてのクライエントの空想に与える影響について意識していること。

ケースワーカーの技能の特別なところは、そのような難しい決断をしなければならないところにあり、事例によっては、感情と情緒的な痛みを探求することに行動することを組み入れていかなければならないところにある、と思われます。行動を起こすことを最小限にとどめるように努めることは重要です。なぜなら、どんな積極的介入もクライエントを幼児化させる傾向があり、惰性につながり、恨みや迫害感につながるだけでなく、自分では対処できないのだという絶望感を強めてしまう傾向があります。ケースワーカーは常に、自分が操作されていないかどうか、クライエントの非現実的な願望に合わせることにひきずりこまれていないかどうか、クライエントの破壊的な部分と共謀していないかどうか、そして／あるいはクライエントの問題を外在化することで内的な葛藤に直面するのを避ける手助けをしていないかどうかについて整理できていなければなりません。もし今述べたような状況にケースワーカーが陥っている場合、クライエントが不安に対処するのを援助していないどころか、成長に向けた必死の努力を損なっていることになります。

しかしながら、それ以外の場合に、クライエントは圧倒されていて本当に対処することができないでいるし、コントロールを失い、もしかすると自分や他人を傷つけるかもしれない、そのため介入することが適切だとケースワーカーが結論することもあるでしょう。あるいは、クライエントが発達上非常に幼く、母性的な理解を経験する機会がほとんどなかったので、初めは物質的な援助を通して気遣ってあげることが必要だと結論することもあるでしょう。しかしながら、これはただ一時的な手段であることが望ましいでしょう。

ソーシャルワークの多くは、法的義務を満たすことと、クライエントの利益に沿ってクライエントが決定したり、下された決定を受け入れるのを援助することと深く結びついています。いずれの場合でも、最優先されることは、感情の面でクライエントを理解し、援助することです。しかし、クライエントがケースワーカーの強力な立場を意識していると、法的なことが関連している場合に率直な話し合いが難しくなることがあります。たとえば、児童保護官が行う親の資質についての報告は、養子を取ることができるかどうかを決定します。保護観察官が裁判所に提出する報告は、少年院や刑務所への送致などの刑罰か、保護観察にするかという決定に影響します。同じようにケースワーカーの中には、お金を渡したり、あるいは他人にお金を出すように促すことができる立場にあったり、あるいはお金以外の物資的援助をすることで知られている人もいます。こういった状況があるために、クライエントは自分たちの良い面だけを見せるようになり、あるいは「恵みを受けるに値する貧乏人」となろうとし、自分たちに都合の悪い偏見を持たれると思われる情報や感情を抑え込むようになることがあります。そのため、クライエントが本当に必要としていることは何かとか、どのようにすると有効な援助ができるかといったことを評価するというケースワーカーに課された仕事は、さらに難しいものとなります。ケースワーカーは、クライエントが防衛している不安はどのようなものなのか、じっくり考える必要があります。ある時には正しい決定を下すために、またある時にはクライエントが不安を背負ったり向き合ったりすることを援助するために、クライエントの不安についてじっくりと考える必要があるのです。

次のような問題に出会ったときには、それがクライエントにとってどんなことを意味するのか、当然考えなければなりません。アドバイスを与えること、贈り物を受け取ること、自分のプライベートな生活についての質問に答えること、子どもと身体的な接触を持つこと。たとえば、アドバイスを与える前に、それが本当に役に立つのかとか、クライエントの過去の記録に基づいて、そのクライエントが建設的にアドバイスを生かすことができるのかどうかと考えることとでしょう。贈り物を受け取るにしても、これはちょっとしたお礼のしるしなのか、与える母親／ケースワーカーと競っていることの表れではないか、「特別な」クライエントになろうとしているのではないか、万能的な償いによって抑うつを回避していることを示しているのではないか、ケースワーカーを誘惑する手段ではないかと心の中では知りたいと思います。プレゼントをもらったときには、非常に露骨な攻撃的感情にすら取り組むことが実に難しくなります。抱いてあげることで子どもを慰めるのは自然なことかもしれません。しかしそのことと、その子を誘惑しようとしていることや、その子が不満を口にしたり抑うつを体験したりすることを妨げていることとは区別する必要があります。こういった状況はすべて、さまざまなことを考慮した上での直観（informed intuition）に基づく機転と理解を持って扱われる必要があります。なぜなら、職務に課された制限の範囲内で、自分自身であるということが大変重要だからです。

第三章　心理学的援助にともなう責任と負担についてのいくつかの見解

責任の範囲と限界

心理援助者は、クライエントの心的生活の中で自分が非常に重要な位置を占めていることを知って、信じがたく思うことがあります。特にクライエントが会っていることを大切にしているようにはみえないときに、信じがたく思います。そういった謙虚さには見当違いのところがあります。なぜなら、少なくとも関係の初めから心理援助者がそれほど重要な位置を占めているのは、心理援助者の能力によるものではないからです。それは、クライエントが専門の援助者との関係に多くの感情を持ち込むことに由来しているのです。

こういった感情は乳児的な恐れや希望にまで達しているということを、これまでみてきました。サービスを提供するという理由から、心理援助者はクライエントとの出会いのはじまりから信頼される立場を引き受けています。そして、それによって重い責任が課されるのです。心理援助者の態度と対応は、クライエントにそれまでとは違う新しい経験をする機会を提供するかもしれません。その経験によって現実に即した希望が増え、建設的な力が発展する可能性が与えられるかもしれません。あるいは、かつて抱いた疑念が強められたり、希望を打ち砕かれたり、結果として絶望感が増したり、防衛システムが強化されるといった失望体験をまたくりかえすということになるかもしれません。どの経験も、次の段階に影響を与える内的な備えの一部となります。クライエントの本当の、けれどもしばしば無意識の欲求に応答しそこなうことは、無力感と恐れを大きくすることにつながります。そのためにクライエントが次に援助を求めることがより難しくなります。

心理援助者は、ある時点で最も差し迫ったクライエントの不安を取り上げることができないかもしれません。クライエントにとって重要なのは、心理援助者が意欲を持ってクライエントがどう感じているかを理解しようと努め、クライエントを独自のパーソナリティを持つ者として耳を傾け、尊重しようという姿勢でいることなのです。言葉によるだけでなく行動によっても、クライエントのことを本当に気に懸け、クライエントのパーソナリティの大人の部分にも乳児の部分にも触れているのかどうか、また、情緒的な痛みに直面する勇気と誠実さがあるのかどうかがクライエントに示されます。この面での能力は、技法的なスキルと比べると、それ以上とは言わないまでも、クライエントにとって同じくらい重要なことです。もちろん、その両方の能力を兼ね備えているのが理想ですが。

クライエントと接するなかで私たちが行動をするのにあたって、私たちがきわめて力動的な状況を相手にしていて、私たちの言動が、クライエントの乳児的な空想やより大人の理性的な自己に照らして解釈されるという事実に敏感でなければなりません。私たちは、乳児や子ども、そしてパーソナリティの乳児的な部分が傷つきやすいことをこれまでみてきました。列挙すれば、迫害感や強い恐怖から理想的な関係を願望すること。非現実的な希望が挫かれたとき「理想的なもの」が正反対のものに変わってしまいやすいこと。何にもまして羨望による価値下げのために不信感が生じ、悪い経験によってそれがしばしば強められること。敵意は喚起されやすいこと、そしてその敵意が良い関係を粉砕してしまうのではないかという恐れが生まれること。こういった理由すべてによって、クライエントは情緒的に依存したり、恐れたり、心理援助者の反応を心配したりします。また心理援助者が生き残っているかどうかについてさえ心配するのです。

したがって最も重要なことは、心理援助者が自分は信頼が置けるし、信頼に値するものであるということを示し、それだからこそ不必要に痛みを引き起こすことをしないということを示すことです。たとえば、予約した時間にきちんとそこにいるということは大切です。予約を気軽にキャンセルするべきではありません。私生活やほかのクライエントとの活動がクライエントとの関係の中に侵入してこないようにすることで、クライエントが不必要に嫉妬心や羨望を刺激されることのないように努めなければなりません。

休暇や引継ぎや終結は、何カ月といわないまでも、何週間もの準備が必要な、大きなテーマになります。ただ別れが訪れることを伝えるだけでは不十分です。このことは肝に銘じておかなければなりませんし、休みがクライエントにとってどんな意味を持つかについて、クライエントが否認したり軽く見ているままにさせておいてはいけません。分離が子どもに与える悪影響については多くのことが書かれてきました。その一方で、大人の反応の度合いについては、過去において見過ごされてきました。なぜなら、大人のパーソナリティの乳児的な部分については十分に考慮されてこなかったからです。心理援助者への不信感、落ち込むことへの怒り、貪欲すぎたことによる恐れや実際に傷つけたことによる恐れ、喪失の悲しみ、その関係を恋しく思う苦痛、これらは関連している感情のうちのほんの数例です。心理援助者の一時的な不在の間のクライエントの精神的安定、引継ぎに対応する能力、関係が終わっても満足いく状態が続くこと、これらは喪失にまつわる感情についてなされた作業に大きく左右されます。たいていの場合、こういった事柄は過去に十分な注意が払われてきませんでした。それは感情や空想の深さや豊かさに関する理解が欠けていたためでしょう。引継ぎの事例の場合、ほかの理由としては、心理援助者のクライエントを独占したいという思いや引き継ぐ相手に対する嫉妬心や羨望が、クライエントに会う準備を適切に行うのを妨げることが挙げられるでしょう。おそらく最も重大な障害となるのは、クライエントを置き去りにする罪悪感や抑うつ感情の衝撃をまともに受けることを避けたいという心理援助者の願望です。この願望から、クライエントに伝えるのを遅らせたり、さらりと言うだけにするという結果に終わる傾向があり、もう一方でクライエントの福祉を継続させる責任のしわ寄せを所属機関に押し付けてしまうという結果に終わる傾向もあります。もちろん、クライエントにとっては、ほかの心理援助者がいて引き継いでくれることが重要です。そのことは、母親がいなくなった子どもにとって、面倒を見てくれる父親や広い意味での家族がいることが慰めになることとまさに同じです。けれども、ある人物の独自性やその人に結びついた感情があることで、喪失はとても恐ろしくて苦痛のともなう出来事となります。子ども／大人が喪失に対処する準備が十分にできていない場合、その関係を心の中に抱き続けることが脅かされるだけでなく、家族／機関のほかのメンバーと関係する能力が大変損なわれてしまうために、その人たちと関わる可能性がなくなってしまいます。

心理援助者には、自分ができる最良のサービスを提供する責任がありますが、クライエントが改善することに対する責任を負うことはできません。もちろん事態がうまく運ばないときには、自分が上手くやれているかどうかとか、上手くやれていないところを入念に検討したいと思います。しかしながら、成長や発達を促す環境の一部として特定のサービスを提供する責任は心理援助者にあるけれども、クライエントがそのサービスを利用することができるかどうかということには責任が**ない**ことを思い起こすことは、心理援助者にとって役に立つでしょう。（羨望に関する章で）私たちがみてきたのは、諺にあるように、「馬を水辺に連れて行くことはできるが、水を飲ませることはできない」ということです。関係から利益を得るクライエントの能力は、一つには生まれながらの資質により、もう一つには多くの悲惨な経験をした後でも持っている力を最大限に回復させる能力によるのです。長期にわたって援助をうけたとしても、自分自身や他者との関係をかき乱す感情にクライエントは触れることができないかもしれません。欲求不満に持ちこたえることができなかったり、不安が抱えられるような関係を経験したことがないために、クライエントは情緒的な痛みに対する硬直した防衛や大規模な防衛を作り上げ、もはやそれをあえて手放そうとしなくなっているのかもしれません。

会っている意味がなくなってきた場合、会うことを中断したり終わらせたりすることが治療的であることもあります。クライエントが現時点ではそれ以上先に進むことができないように思われるということは、率直に話されてよいと思います。クライエントが戻ってくるドアは開かれたままであるのです。また、失敗は認めなければならないでしょう。それは、ある心理援助者があるクライエントに対処することができないということであり、あるいはその心理援助者が提供した援助が適切なものでなかったということであって、それ以上のことではないからです。そのような場合は、別の方法が考えられなければならないでしょう。

最後に心に留めておかなければならないことは、私たちはすべてを知っているわけでも、何でもできるわけでもないということです。また、現在の知識や能力では、ある種のクライエントを援助するにはまだまだ備えが不十分なのだ、ということも心に留めておかなければなりません。

心理学的援助の負担とその予防策

心理援助者にはあらゆる方向からプレッシャーが集中します。所属機関や関連当局から心理援助者に対して、解決策を見つけ、長期にわたる効果は度外視して、なんとかしてクライエントを「治す」ようにプレッシャーがかけられることがあります。社会からは、弱い立場にある厄介者を支える責任から解放してほしいというプレッシャーがかけられます。クライエントからの、痛みのない人生を与えてほしいというプレッシャーもあります。しかしながら、最も抗いがたいプレッシャーは、心理援助者自身の中からやってきます。それによって、ほかの人びとからの理不尽な要求に従ってしまうことがあるのです。自分は誰でも万能的に治すことができなければならないし、貧しい人、病気の人、傷ついた人、恵まれない人を救済しなければならない。これは心理援助者自身の中からの要求なのです。

これまでみてきたように、あらゆる理不尽な要求に屈しないでいられたとしても、心理援助者に仕事上のしかかってくる負担はきわめて重いものです。それは、クライエントの過剰な情緒的痛みに**応えられるようにしておくこと**、抱えること、あるいはその痛みを一定期間クライエントに成り代わって背負うことなのです。過労に陥る可能性は非常に大きく、結果として仕事を辞めなければならなくなったり、破綻してしまったり、あるいは表層的、教条的、頑固になることで痛みを防御したりすることになります。このことは真剣に受け止める必要がある事柄です。

いくつか予防策はありますが、現在のところ十分には注目されていないように思われます。一つ目は、定期的な自由時間を増やすことが必要だということです。特に夜の自由時間は必要です。そうすることで、心理援助者が気晴らしをしたり、社会生活や趣味を豊かにする機会が与えられます。二つ目は、自分の限界を認識することです。それぞれの心理援助者は、自分が対処できるクライエントもいれば、過剰な緊張を強いられるクライエントもいることが分かってくるでしょう。三つ目は、より専門的な援助を必要とするものです。とりわけ、心理援助者の問題に共感し理解してくれる精神科医からの援助が必要となります。最後は、スーパービジョンの重要性です。これはいくら評価してもしすぎることはありません。心理援助の初心者にとってだけでなく、経験者にとってもスーパービジョンは必要不可欠なものでしょう。一番大事なことは、スーパービジョンがケースワークの過程で起こってくる重い責任や不安を共有するひとつの方法であるということです。もちろん、個人的な問題に由来する偏りの点検でもあります。スーパービジョンはマンネリに陥ることを防ぐ方法であり、学び成長する機会を提供し、さらに直観を鍛えスキルを向上させる機会を提供してくれます。

同じ事例に取り組んでいる同僚と連携を取ることは、それ自体重要なことです。けれども、そのクライエントに対する心理援助者の個人的な難しさを話し合う場としては不適切です。その同僚が一緒になってクライエントを批判するようになる危険がありますし、同僚との競り合いが決裂や仕事上の関係の悪化につながりかねません。事例について話し合うのは、その機関の内部の人でも外部の人でもかまいませんが、直接関わっていない人との方がずっと望ましいものです。そうすることで心理援助者は、弱者の立場からでなく洞察と理解に基づいた知識を持って同僚と接することができます。

以上のような理解は、心理援助者がクライエントの問題（や力）を否認したり、クライエントが属している社会環境の問題について否認する必要がないことを示唆しています。自分が万能ではないことを知ることで、ときに他の援助機関にクライエントを紹介しようとも思うでしょう。

心理援助者はまた、環境が不必要な苦痛を引き起こしたり情緒的な成長を妨げたりしている社会を変えていく必要があると感じるようになるかもしれません。知識と経験とを備えて、社会事業やケアを提供する施設、そこで働く人材の訓練の改変の必要性について関心を喚起させる地位に就くこともあるかもしれません。しかしながら心に留めておかなければならないことは、責任ある地位にいる人びとも、この本を通して議論してきたように、葛藤や不安や防衛に悩まされる人間なのだということです。

訳者あとがき

読まれるべきことは本文に書かれているので、あとがきでつけ加えることはないのではないかと思う。すべては蛇足であるが、翻訳する中で感じたことを記していくことにする。

本書は一九七〇年に出版され三十年以上途切れることなく版を重ねている。一般向けといってもその読者のほとんどは専門家や心理臨床家であろうから、その数は少ないだろう。読まれなくなればすぐに絶版という昨今の出版事情を考えると、まれにみるロングセラーである。その点で英語圏の心理臨床家にとって必読の書となっていると考えてもよい。本書を読めば納得できるように、その内容は古さを感じさせないものとなっている。ロングセラーの条件は、「変わらないこと」が書いてあるということであるが、本書はその条件を十分に満たしているのであろう。本書における「変わらないこと」とは、メラニー・クラインが臨床から得た概念であるが、彼女の観察がこころのずっと奥の方の感情に目を向けたものであるために、「変わらないもの」となっているのであろう。人間が生きていく上で感じる不安や恐怖、そして期待についてのクラインの徹底した観察は、心理臨床に関わる者には非常に身近なものとして感じられるのではないだろうか。今日、そのような感情に対してどのように関わるのかといった技法や定式化は多様化しているが、観察された感情は確かなものとして今後も臨床心理学の基礎となると思われる。

監訳者まえがきにもあるように、本書の魅力はクラインの精神分析理論を臨床事例に当てはめるのではなく、臨床事例の中から自然とクラインの理論が浮かび上がるような描き出し方をしている点にある。臨床事例を読むと、クライエントの抱える問題や感情が生き生きと、時に生々しく感じられて、読んでいるこちらの気持ちも揺さ振られることがあるのではないかと思う。そこに描かれている人々は、程度の差こそあれ私たちと同じように苦しみや悩みを抱え、時にそれに圧倒されそうになっている人間であることが自然と感じられてくる。そのような事例の選び方や提示の仕方から、ウィッテンバーグの臨床家としての経験の豊かさと確かさを垣間見ることができるだろう。経験に裏打ちされていないことは、相手のこころに伝えることはできない。それだけでなく相手をよく観察し、相手が理解しやすい形で伝えなければならない。伝えたい相手に伝えたいことを正確に伝えるというのは、実際には非常に困難なことであると同時に、臨床家に必要な技能のひとつである。その点で本書の書き方自体が、ウィッテンバーグの臨床家としての力量を物語っている。ひとつの読み方として、まず臨床事例をじっくり味わい、そこで起こっていることについて考えを巡らせ、そこで得た理解をどのように伝えたらよいか考えるというのもよい訓練になるのではないかと思う。

本書の比較的新しいところは、心理援助者とクライエントとの関係性や相互作用を取り扱っているところである。クライン派も含め対象関係論と呼ばれる学派は、その名の示すとおり、こころの成り立ちに関して対象との関係を軸にしている。対象とは、乳児が自らの無意識的空想を投影する人物あるいはその一部を指すが、クラインの「投影同一化」やビオンの「包容」といった概念の登場以来、投影を受け取る対象の側の寄与がより重要性を増して取り上げられるようになっている。心理援助者とクライエントの関係で言えば、クライエントの内的対象関係だけでなく、クライエントの投影を受け止める心理援助者の機能や、心理援助者－クライエント間の相互作用がより臨床的な問題となってきている。「逆転移感情を患者理解に役立てる」といった問題もそこから生じてくるが、心理援助者個人の逆転移感情と関係の中で感じられる逆転移感情との区別がつくのかなど、「逆転移」という言葉の定義の問題も含めていまだに混乱している様子もうかがえる。そのあたりの事情は訳者の手に負えるものではないので、ひとまず脇に置くとしても、心理臨床は両者の寄与によって成り立っているのは疑いない。本書は心理援助者とクライエントの関係性や相互作用が両者の側からバランスよく論じられていて、その点で現代的視点をも提供している。おそらく、ウィッテンバーグがビオンの分析から強い影響を受けていることと関係しているのだと思う。

翻訳にあたって気をつけたことを二、三挙げておく。原題は、「精神分析における洞察と関係性」であるが、専門書として敬遠される可能性を考え、より多くの人に読んでもらいたいという理由から、入門書的な「臨床現場に生かすクライン派精神分析」とした。ただ、長く読み継がれている本だけに（そうでなくても）原題は大切と考え、サブタイトルに残すことにした。原著は平明な英語で書かれていて、読者にひとつひとつ丁寧に説明し語りかけるような雰囲気がある。そこで論説に多い「である」調よりも語りかけ口調の「です・ます」調の方がふさわしいと考えた。ウィッテンバーグにしても、理論家と言うよりも臨床家という趣が強いように思う。それは欲動の「二元性 dualism」と「二極性 polarity」を同じ意味合いで使ったりと、理論的な正確さは追求されていないところからもそう感じるし、全体として臨床経験を描き出すことに力が注がれているところからも、理論よりも臨床重視の姿勢が伺われれる。臨床を語るのには「です・ます」調の方が臨場感が出ると思われ、採用した。

訳語については、読者の混乱を避けるためにも先例や定訳となっているものにしたがった。その中でいくつか補足が必要な訳語について述べておく。

mourning には「喪」という訳がほぼ定訳となっているが、場合によって「喪の悲しみ」とした。ひとつには、単純に動詞になった場合に訳しやすいという理由のためである。「喪を悲しむ」とは言えても「喪する」とは言えない。もうひとつは「喪」というと死者を哀悼するという意味合いが強く感じられるが（それは英語でも同じである）、文脈から死者に限らない「喪われたもの」に対する悲しみの感情を表していることが明らかであったため、漢字の「喪」に「喪われたもの・喪失」の意味を仮託して「喪を悲しむ」とした。

concern は、「気遣い」と訳したが、ウィニコットの「思いやりの段階 the stage of concern」のように定訳がある場合はそれに従った。ただ、「思いやり」だと、相手の立場に立ってあれこれと考えをめぐらせるというニュアンスが感じられ、concern の持つ「心配する」「気懸かり」といったニュアンスが曇ってしまうように感じた。concern は、相手になにか悪いことが起こらないかどうか心配するという意味であり、クラインの記述した、対象を傷つけてしまったのではないか、傷つけてしまうのではないかという不安にピッタリの言葉である。その点で「気遣う」のほうが心配のニュアンスが強く打ち出せると判断し、採用した。

心理援助者の態度として、「受容的 receptive」態度が挙げられている。当初は「感受する態度」としていたが、ビオンの「包容 containment」とのつながりも踏まえ「受容的」とした。ただ、receptive は receive の形容詞であり、バレーボールのレシーブや受話器・受信機 receiver のように、送られてくるものを受け取るという意味を含む。本文でもレーダー網の比喩があるように、クライエントから送られてくる感情を心理援助者のこころが受信するというニュアンスを持っている。訳語にいかせなかった分、ここで補足しておく。

翻訳にあたっては、当然のことながら監訳者の平井正三氏にお世話になった。平井氏は訳者に本書の翻訳を勧めてくれただけでなく、拙訳を注意深く読み、明らかな誤訳や意味の通りにくい言い回しを修正し、読みやすい訳に仕上げてくれた。また、初稿の校正と文献の整理については、佛教大学臨床心理学研究センターの竹林奈奈さんのお世話になった。岩崎学術出版社の長谷川純さんは、特に本書の仕上げの段階で御尽力いただいた。感謝します。

二〇〇七年四月

武藤　誠

読書案内

ジグムント・フロイトとメラニー・クラインによる著作の中から，彼らの業績への入門として役立つものと，心理援助者にとって特に興味深いものを選びました。また，クライン派の分析家によって書かれた関連著作や，他学派の精神分析家によって書かれたものも少し，そして精神分析的なアプローチを行っているケースワーカーによる論文もいくつか挙げています。

テーマとなっている内容がタイトルから自明である場合は，コメントを付け加えていません。

子どもの発達に関して

Bick, E., 'Notes on Infant Observation' (1964) クライン派の精神分析家によって書かれた，乳児観察の重要性と難しさについての論考。

'Child Analysis Today' (1962)（古賀靖彦訳：今日の子どもの分析．メラニー・クライン トゥデイ③．岩崎学術出版社．2000.）この論文は精神分析家に向けて書かれているが，子どもを対象として働く際に生じるさまざまな感情を探求しているため，心理援助者にも勧める。

Klein, M., 'On Observing The Behaviour of Young Infants' (1952)（小此木啓吾訳：乳幼児の行動観察について．メラニー・クライン著作集 4．誠信書房，1985.）0 歳から 1 歳までの記述的で分析的な研究。

Harris, M., Osborne, E., O'shaunessy, E., Rosenbluth, D., and others. *Your . . . Year Old* (1969)（繁多進他訳：タビストック子どもの発達と心理（シリーズ）．あすなろ書房．1982–1986.）幼児期から青年期後期に至るまでの各年齢それぞれにおける情緒的な発達を扱った小冊子。タビストック・クリニックの児童心理療法家，児童心理学者，児童精神科医によって書かれている。（1985 年絶版。）

Harris, M., *Thinking about Infants and Young Children* (1975)

Meyers, S. (ed.), *Adolescence: The Crisis of Adjustment* (1975), *Adolescence and Breakdown* (1975) タビストック・クリニックとその他の英国の専門家たちによる青年期の研究。

Winnicott, D. W., *The Child, The Family and The Outside World* (1964)（猪股丈二訳：子どもと家族とまわりの世界（上）赤ちゃんはなぜなくの．星和書店．1985.（下）子どもはなぜあそぶの．星和書店．1986.）母親に対する講演を基にしたもの。主に，赤ちゃんに対する母親の感情と，世界における赤ちゃんの体験を扱っている。また，より年長の子どもの問題もいくつか扱っている。

The Maturational Process and the Facilitating Environment (1965)（牛島定信訳：情緒発達の精神分析理論．岩崎学術出版社，1977.）情緒的発達理論における研究。

精神病について：クライン派の精神分析家によって書かれたもの

Bion, W. R., 'Differentiation of the Psychotic from the Non-Psychotic Part of the Personality' (1957)（義村勝訳：精神病人格と非精神病人格の識別．メラニー・クライン トゥディ①．岩崎学術出版社．1993.）

'Attacks on Linking' (1959)（中川慎一郎訳：連結することへの攻撃．メラニー・クライン トゥディ①．岩崎学術出版社．1993.）特定の思考障害についての分析。

Meltzer, D., Bremner, J., Hoxter, S. H., Weddell, D., and Wittenberg, I., 'Explorations in Autism: A Psycho-analytical Study' (1975)

Rosenfeld, H. A., *Psychotic States* (1965) の中の3つの論文。精神病理と精神病状態の分析を扱っている。

'Notes on the Super-Ego Conflict in an Acute Schizophrenic'（古賀靖彦訳：急性精神分裂病者の超自我葛藤の精神分析．メラニー・クライン トゥディ①．岩崎学術出版社．1993.）

'Transference Phenomena in an Acute Schizophrenic Patient'

'Psychopathology and Psycho-Analytic Treatment of Schizophrenia'

Segal, H., *Introduction to the Work of Melanie Klein* (1964)（岩崎徹也訳：メラニー・クライン入門．岩崎学術出版社，1977.）から 'Psychopathology of Paranoid Schizoid Position' この論文は妄想分裂ポジションにおける異常な発達，およびそれと妄想的パーソナリティ構造との関連について扱っている。

集団について：クライン派の精神分析家によって書かれたもの

Bion, W. R., *Experiences in Groups* (1961)（池田数好訳：集団療法の基礎．岩崎学術出版社．1973.）集団の緊張，集団力動 および集団が無意識のうちに抱いている基底的想定について。主に治療的な集団における研究に基づいているが，その知見は他の集団状況や社会制度とも非常に関連性がある。

Gosling, R., and Turquet, P. M., 'The Training of General Practitioners' (1967) この本の集団力動の研究と，特に教育目的のための集団の利用に関してお勧めする。

特定のテーマに関する論文：クライン派の精神分析家による

Gosling, R., *What is Transference?* (1968) 一般の人を対象とした講演を基にしたもの。転移の重要性を要約し，その概念の歴史を概観している。

Harris, M., and Carr, H., 'Therapeutic Consultations' (1966) 両親と子どもとの合同のコンサルテーションに関する2論文。Harris は両親との面接を詳述することで，いかにして親が子どもの問題についてよりよい解決を見出すことを援助されるかを示し，Carr は母親がいるところでの子どもの面接を2例詳述している。

Jacques, E., *Death and the Mid-Life Crisis* (1965)（松木邦裕訳：死と中年期危機．メラニー・クライン トゥディ③．岩崎学術出版社．2000.）中年期に起こる外見の変化と，それと抑うつポジションを乗り越えることとの関連について扱っている論文。

'Guilt, Conscience and Social Behaviour' (1968) 一般の人を対象とした講演を基にして

いる。

Klein, M., *On Criminality* (1934)（岡秀樹訳：犯罪行為について．メラニー・クライン著作集3．誠信書房．1983.）犯罪と精神構造，すなわち厳格な内的両親を取り入れることとの関連を示している。

Rosenfeld, H. A., *Psychotic States* (1965) の中の *Drug-Addiction*　薬物中毒の精神病理学。

Williams, A. H., 'The Treatment of Abnormal Murderers' (1965) 分析過程においてみられた殺人者の精神病理学。

ケースワークに適用される精神分析的洞察

Association of Psychiatric Social Workers, *Relationship in Casework* (1964) このテーマのさまざまな側面を扱った短い論文を多数集めたもの。

Institute of Marital Studies, *The Marital Relationship as a Focus for Casework* (1962) Family Discussion Bureau が展開している仕事やアプローチに関して役立つ入門書。

Ferard, M. L. and Hunnybun, N. K., *The Caseworker's Use of Relationship* (1962) 数年前に書かれたものだが，このテーマに関しておそらくいまだに最も役立つ入門書である。

Hutten, J. M., 'Short-Term Contracts in Social Work' (1977)

Irvine, E. E., 'Psychosis in Parents' (1961) と 'Mental Illness as a Problem for the Family' (1962) 精神的な不調を抱えた家族の不安に関する短い論文。

Mattinson, J. and Sinclair, I., 'Mate and Stalemate; Working with Marital Problems in a Social Services Department' (1979)

Pincus, L., 'Death and the Family; The Importance of Mourning' (1976)

Winnicott, C., 'Face to Face with Children' (1963) この論文では，ケースワーカーが子どもと関わる際にいかに柔軟さが求められるかについて，またケースワーカーが遭遇する難しさについて示されている。

Winnicott, D. W., The Mentally Ill in Your Caseload (1963) ソーシャルワーカーに向けて書かれており，彼らが背負う負担に理解を示している。

関連する諸問題に応用される精神分析的洞察

Bowlby, J., *Forty-four Juvenile Thieves and their Character and Home Life* (1946) 病理が早期の分離と関連づけられている。

Child Care and the Growth of Love (1953) 継続的な母性的養育の必要性について論じ，分離不安に関する Bowlby 博士とその他の研究者の業績について詳述している。

Mattinson, J., 'The Reflective Process in Casework Supervision' (1975)

Menzies, I., *A Case Study in the Functioning of Social Systems* (1960) 看護業務に関する報告。クライン派の精神分析家が，看護師に生じる不安と防衛について，またそれらが業務構造のなかでどのように具現化されているかについて観察している。

Miller, D. H., *Growth to Freedom* (1964) 非行少年に対する心理治療。治療共同体を作り上げる際に分析的な知識がどのように役立つかを示している点で，特に役立つ。

Robertson, J., *Young Children in Hospital* (1958) 施設の子どもたちを撮影したフィルムで非常に有名な分析家による，分離不安に関する研究への短い入門書。

応用精神分析学：一般的な関心が持たれるテーマ

Freud, S., *Psychopathology of Everyday Life* (1901)（池見酉次郎・高橋義孝訳：日常生活の精神病理学．フロイト著作集 4．人文書院，1970.）物忘れや読み間違え，言い間違いなどに見られる無意識的な動機について。

Klein, M., 'Some Reflections on the "Oresteia"' (Our Adult World and its Roots in Infancy より)（及川卓訳：『オレステイア』に関する省察．メラニー・クライン著作集 5．誠信書房，1996.）アイスキュロスの三部作についての精神分析的研究。

Money-Kyrle, R. E., *Man' s Picture of his World* (1961) 精神分析と他の科学とを大いに関連づけ，社会的問題に対する精神分析の応用を示した。特にお勧めするのは以下の 4 つの章である。

Chapter 1: The Nature of the Evidence.
8: On Ethics.
10: On Avoidable Sources of Conflict.
11: On Political Philosophies.

Segal, H., 'A Psycho-analytic Approach to Aesthetics' (1952)（松木邦裕訳：美学への精神分析的接近．クライン派の臨床――ハンナ・スィーガル論文集．岩崎学術出版社．1988.）芸術家に満足のいく作品をうみださせるものは何か，またどのような要素が満足のいく芸術的体験に役立つのかを論じている。

Stokes, A. and Meltzer, D., Painting and the Inner World (1963) Stokes は分析的知識に照らしてターナーの作品を検討している。芸術の社会的基盤について，また抑うつポジションと芸術がどのように関連しているかについて，クライン派の分析家である Meltzer との対話を収録している。

フロイトやクラインの著作をさらに読み進むために，およびクラインの仕事への入門書

前項では言及されていない書物。＊印がついているものは，短い論文である。

Freud, S., *On the History of The Psycho-Analytic Movement** (1914)（野田倬訳：精神分析運動史．フロイト著作集 10．人文書院，1983.）

*The Question of Lay Analysis** (1926)（池田紘一訳：素人による精神分析の問題．フロイト著作集 11．人文書院，1984.）この論文でフロイトは，「中立的な観察者」と架空の対話を展開し，精神分析的治療についての質問に答え，説明する機会としている。

*Analysis of a Phobia in a Five-Year-old Boy** (1909)（高橋義孝・野田倬訳：ある五歳男児の恐怖症分析．フロイト著作集 5．人文書院，1969.）

*Beyond the Pleasure Principle** (1920)（小此木啓吾訳：快感原則の彼岸．フロイト著作集 6．人文書院，1970.）生の欲動と死の欲動についてのメタ心理学，そしてフロイトがどのようにしてこの概念に到達したかについて述べてある。

The Interpretation of Dreams (1900)（高橋義孝訳：夢判断．フロイト著作集 2．人文書院，1968.）

Klein, M., *Our Adult World and its Roots in Infancy* (1963)（花岡正憲訳：大人の世界と幼児期におけるその起源．メラニー・クライン著作集 5．誠信書房．1996.）社会研究に関する精神分析的アプローチ。

Envy and Gratitude (1957)（松本善男訳：羨望と感謝．みすず書房，1975；メラニー・クライン著作集 5．誠信書房，1996.）臨床事例を含む精神分析的研究。

'On Identification' * (1955)（伊藤洸訳：同一視について．メラニー・クライン著作集 4．誠信書房，1985.）Julian Green の小説『If I were you（私があなたなら：原田武訳．青山社)』を検討することによって，投影同一化を説明している。

'On the Sense of Loneliness' * (1963)（橋本雅雄訳：孤独感について．メラニー・クライン著作集 5．誠信書房．1996.）孤独感を形成するさまざまな要因に関する深遠な研究。

Klein, M. and Riviere, J., *Love, Hate and Reparation* (1937) 社会的行動と，愛と憎しみの葛藤とを関連づけている。

Meltzer, D., 'The Kleinian Development' (1978) 心のモデルに関する，フロイト，クライン，ビオンの貢献についての，時系列に沿った批判的評論。

Segal, H., *Introduction to the Work of Melanie Klein* (1973)（岩崎徹也訳：メラニー・クライン入門．岩崎学術出版社，1977.）精神分析を学ぶ学生に向けて，クラインの精神分析的理論と実践を紹介した一連の講義を基にしている。多くの臨床事例を含む。

[訳者による追加]

クライン派入門

アンダーソン編『クラインとビオンの臨床講義』(岩崎学術出版社)

ヒンシェルウッド『クリニカル・クライン』(誠信書房)

ブロンスタイン編『現代クライン派入門』(岩崎学術出版社)

松木邦裕『対象関係論を学ぶ』(岩崎学術出版社)

松木邦裕編『現代のエスプリ別冊：オールアバウト「メラニー・クライン」』(至文堂)

木部則雄『こどもの精神分析』(岩崎学術出版社)

ビオンの理解

ビオン『精神分析の方法Ⅰ・Ⅱ』(法政大学出版局)

シミントン『ビオン臨床入門』(金剛出版)

参考文献

この文献リストは，この本の基礎となっているジグムント・フロイトとメラニー・クラインの**全**著作は網羅していません。文中で特に言及された著作物のみを挙げています。

Abraham, K., (1924) *A Short Study of the Development of the Libido Viewed in the Light of Mental Disorders,* Selected Papers of Karl Abraham, Hogarth Press.（下坂幸三訳：心的障害の精神分析に基づくリビドー発達史試論．アーブラハム論文集――抑うつ・強迫・去勢の精神分析．岩崎学術出版社．1993.）

Association of Psychiatric Social Workers, (1964) *Relationship in Casework,* Assoc. of Psychiatric Social Workers.

Bick, E., (1962) 'Child Analysis Today', *International Journal of Psycho-Analysis,* Vol. 43.（古賀靖彦訳：今日の子どもの分析．メラニー・クライン トゥディ③．岩崎学術出版社．2000.）

(1964) 'Notes on Infant Observation in Psycho-analytic Training', *International Journal of Psycho-Analysis,* Vol. 45.

Bion, W. R., (1957) 'Differentiation of the Psychotic from the Non-Psychotic Part of the Personality', *International Journal of Psycho-Analysis,* Vol. 38.（義村勝訳：精神病人格と非精神病人格の識別．メラニー・クライン トゥディ①．岩崎学術出版社．1993.）

(1959) 'Attacks on Linking', *International Journal of Psycho-Analysis,* Vol. 40.（中川慎一郎訳：連結することへの攻撃．メラニー・クライン トゥディ①．岩崎学術出版社．1993.）

(1961) *Experience in Groups,* Tavistock Publications.（池田数好訳：集団療法の基礎．岩崎学術出版社．1973.）

(1962) *Learning from Experience,* Heinemann.（福本修訳：経験から学ぶこと．精神分析の方法Ｉ――セヴン・サーヴァンツ．法政大学出版局，1999.）

Bowlby, J., (1946) *Forty-four Juvenile Thieves and their Character and Home Life,* Bailliere, Tindall & Cassell.

(1953) *Child Care and the Growth of Love,* Penguin.

Breuer, J. and Freud, S., (1893-5) *Studies on Hysteria,* Standard Ed. of the Complete Psychological Works of S. Freud, Vol. 2, Hogarth Press.（懸田克躬訳：ヒステリー研究．フロイト著作集 7．人文書院，1974.）

Family Discussion Bureau, (1962) *The Marital Relationship as a Focus for Casework,* Hitchin: Codicote Press.

Ferard, M. I. and Hunnybun, N. K., (1962) *The Caseworker's Use of Relationship,* Mind & Medicine Monographs.

Freud, S., (1895) *Psychotherapy of Hysteria,* Standard Ed. of the Complete Psychological Works of S. Freud, Vol. 2, Hogarth Press.（懸田克躬訳：ヒステリーの心理療法．フロイト著作集 7．人文書院，1974.）

(1900) *The Interpretation of Dreams*, Standard Ed. Vols. 4 and 5.（高橋義孝訳：夢判断. フロイト著作集 2. 人文書院, 1968.）

(1901) *The Psychopathology of Everyday Life*, Standard Ed. Vol. 6.（池見酉次郎・高橋義孝訳：日常生活の精神病理学. フロイト著作集 4. 人文書院, 1970.）

(1905) *Fragments of an Analysis of a Case of Hysteria*, Standard Ed. Vol. 7.（細木照敏・飯田真訳：あるヒステリー患者の分析の断片. フロイト著作集 5. 人文書院, 1969.）

(1909) *Analysis of a Phobia in a Five-Year-Old Boy*, Standard Ed. Vol. 10.（高橋義孝・野田倬訳：ある五歳男児の恐怖症分析. フロイト著作集 5. 人文書院, 1969.）

(1914) *On the History of the Psycho-Analytic Movement*, Standard Ed. Vol. 14.（野田倬訳：精神分析運動史. フロイト著作集 10. 人文書院, 1983.）

(1917) *Mourning and Melancholia*, Standard Ed. Vol. 14.（井村恒郎訳：悲哀とメランコリー. フロイト著作集 6. 人文書院, 1970.）

(1920) *Beyond the Pleasure Principle*, Standard Ed. Vol. 18.（小此木啓吾訳：快感原則の彼岸. フロイト著作集 6. 人文書院, 1970.）

(1923) *The Ego and the Superego*, Standard Ed. Vol. 19.（小此木啓吾訳：自我とエス. フロイト著作集 6. 人文書院. 1970.）

(1926) *The Question of Lay Analysis*, Standard Ed. Vol. 20.（池田紘一訳：素人による精神分析の問題. フロイト著作集 11. 人文書院, 1984.）

(1933) Femininity, in *New Introductory Lectures*, Standard Ed. Vol. 22.（懸田克躬・高橋義孝訳：精神分析入門（続）. フロイト著作集 1. 人文書院, 1971.）

Gosling, R., (1968) *What is Transference? The Psychoanalytic Approach*, Baillière, Tindall & Cassell.

Gosling, R. and Turquet, P. M., (1967) The Training of General Practitioners in *The Use of Small Groups in Training*, Hitchin: Codicote Press.

Harris, M. and Carr, H., (1966) Therapeutic Consultations, *Journal of Child Psychotherapy*, Vol. 1, No. 4, Association of Child Psychotherapists (Non-Medical).

Harris, M., Osborne, E., O'shaunessy, E., Rosenbluth, D., and others., (1969) *Your . . . Year Old*, a series of paperbacks on year by year child development, Transworld Publications.

Harris, M., (1969) *Inside Information on Understanding Infants*, Dickins Press.

Irvine, E. E., (1961/62) 'Psychosis in Parents' and 'Mental Illness as a Problem for the Family', *British Journal of Psychiatric Social Work*, Vol. 6.

Isaacs, S., (1952) 'The Nature and Function of Phantasy' in *Developments in Psycho-Analysis*, Hogarth Press.（一木仁美訳：空想の性質と機能. 対象関係論の基礎. 新曜社. 2003.）

Jacques, E., (1965) 'Death and the Mid-Life Crisis', *International Journal of Psycho-Analysis*, Vol. 46.（松木邦裕訳：死と中年期危機. メラニー・クライン トゥデイ③. 岩崎学術出版社. 2000.）

(1968) 'Guilt, Conscience and Social Behaviour', in *The Psychoanalytic Approach*,

Bailliere, Tindall & Cassell.

Klein, M., (1926) 'The Psychological Foundations of Child Analysis', in *Psychoanalysis of Children*, Hogarth Press.（衣笠隆幸訳：児童分析の心理学的基礎．メラニー・クライン著作集 2．誠信書房．1997.）

(1928) 'Early Stages of the Oedipus Conflict and of Super-Ego Formation'（柴山謙二訳：エディプス葛藤の早期段階．メラニー・クライン著作集 1．誠信書房，1983.），in *Psychoanalysis of Children*, Hogarth Press.

(1933) 'The Early Development of Conscience in the Child', in *Contributions to Psycho-Analysis*, Hogarth Press.（田嶌誠一訳：子どもにおける良心の早期発達．メラニー・クライン著作集 3．誠信書房．1983.）

(1934) 'On Criminality', in *Contributions to Psycho-Analysis*, Hogarth Press.（岡秀樹訳：犯罪行為について．メラニー・クライン著作集 3．誠信書房．1983.）

(1935) 'A Contribution to the Psychogenesis of Manic Depressive States', in *Contributions to Psycho-Analysis*, Hogarth Press.（安岡誉訳：躁うつ状態の心因論に関する寄与．メラニー・クライン著作集 3．誠信書房，1983.）

(1940) 'Mourning—Its Relation to Manic-Depressive States', in *Contributions to Psycho-Analysis*, Hogarth Press.（森山研介訳：喪とその躁うつ状態との関係．メラニー・クライン著作集 3．誠信書房，1983.）

(1946) 'Notes on Some Schizoid Mechanisms', in *Developments in Psycho-Analysis*, Hogarth Press.（狩野力八郎・渡辺明子・相田信男訳：分裂的機制についての覚書．メラニー・クライン著作集 4．誠信書房，1985.）

(1948) 'On the Theory of Anxiety and Guilt', in *Developments in Psycho-Analysis*, Hogarth Press.（杉博訳：不安と罪悪感の理論について．メラニー・クライン著作集 4．誠信書房，1985.）

(1952) 'On Observing the Behaviour of Young Infants', in *Developments in Psycho-Analysis*, Hogarth Press.（小此木啓吾訳：乳幼児の行動観察について．メラニー・クライン著作集 4．誠信書房，1985.）

(1955) 'On Identification' in *New Directions in Psycho-Analysis*, also in *Our Adult World and Its Roots in Infancy*, Hogarth Press. (See ref. below.)（伊藤洸訳：同一視について．メラニー・クライン著作集 4．誠信書房，1985.）

(1957) *Envy and Gratitude*, Tavistock Publications.（松本善男訳：羨望と感謝．みすず書房，1975；メラニー・クライン著作集 5．誠信書房，1996.）

(1963) 'On the Sense of Loneliness', in *Our Adult World and Its Roots in Infancy*. (See below.)'（橋本雅雄訳：孤独感について．メラニー・クライン著作集 5．誠信書房．1996.）

(1963) *Our Adult World and Its Roots in Infancy and other Essays*, Heinemann.（花岡正憲訳：大人の世界と幼児期におけるその起源．メラニー・クライン著作集 5．誠信書房．1996.）

Klein, M. and Riviere, J., (1937) *Love, Hate and Reparation*, Hogarth Press.

Meltzer, D. and Stokes, A., (1963) 'Concerning the Social Basis of Art', in *Painting and*

the Inner World, Tavistock Publications.

Menzies, I., (1960) 'A Case Study in the Functioning of Social Systems as a Defence Against Anxiety', (A Report on a Study of the Nursing Service of a General Hospital), *Human Relations Journal*, Vol. 13, No. 2.

Middlemore, H. P., (1941) *The Nursing Couple*, Hamish Hamilton.

Miller, D. H., (1964) *Growth to Freedom*, Tavistock Publications.

Money-Kyrle, R. E., (1961) *Man's Picture of his World*, Duckworth.

Robertson, J., (1958) *Young Children in Hospital*, Tavistock Publications.

Rosenfeld, H. A., (1962) 'The Super-Ego and the Ego Ideal', *International Journal of Psycho-Analysis*, Vol. 43.

(1965) *Psychotic States: A Psycho-Analytical Approach*, Hogarth Press and Institute of Psycho-Analysis.

Segal, H., (1952) 'A Psycho-analytic Approach to Aesthetics', *International Journal of Psycho-Analysis*, Vol. 33.（松木邦裕訳：美学への精神分析的接近．クライン派の臨床――ハンナ・スィーガル論文集．岩崎学術出版社．1988.）

(1958) 'Fear of Death: Notes on the Analysis of an Old Man', *International Journal of Psycho-Analysis*, Vol. 39.（松木邦裕訳：死の恐怖：ある老人の分析．クライン派の臨床――ハンナ・スィーガル論文集．岩崎学術出版社．1988.）

(1964) *Introduction to the Work of Melanie Klein*, Heinemann.（岩崎徹也訳：メラニー・クライン入門．岩崎学術出版社，1977.）

Spitz, R., (1945) 'Hospitalism', *Psychoanalytic Study of the Child*, Vol. 1.

Stevenson, O., (1963) 'Skills in Supervision', in *New Thinking for Changing Needs*, Association of Social Workers.

Stokes, A., (1963) *Painting and the Inner World*, Tavistock Publications.

Williams, A. N., (1965) 'The Treatment of Abnormal Murderers', *Howard Journal of Penology*, Vol. 2.

Winnicott, C, (1963) 'Face to Face with Children', in *New Thinking for Changing Needs*, Association of Social Workers.

Winnicott, D. W., (1955) 'The Depressive Position in Normal Emotional Development', *British Journal of Medical Psychology*, Vol. 28.（佐伯喜和子訳：正常な情緒発達における抑うつポジション．小児医学から精神分析へ――ウィニコット臨床論文集〔北山修監訳〕．岩崎学術出版社，2005.）

(1963) 'The Mentally ill in Your Caseload', in *New Thinking for Changing Needs*, Association of Social Workers.

(1964) *The Child, The Family and the Outside World*, Penguin.（猪股丈二訳：子どもと家族とまわりの世界（上）赤ちゃんはなぜなくの．星和書店．1985.（下）子どもはなぜあそぶの．星和書店．1986.）

(1965) *The Maturational Process and the Facilitating Environment*, Hogarth Press.（牛島定信訳：情緒発達の精神分析理論．岩崎学術出版社，1977.）

原著者略歴

Isca Salzberger-Wittenberg

英国バーミンガム大学にて社会福祉を学んだ後，同大学で講師を務める。その後，イスラエルのエルサレムにおいてソーシャルワーカーとして3年間働いた後に，ロンドンのタビストック・クリニックにおいて子どもの精神分析的心理療法訓練を受ける。その際に，ウィルフレッド・ビオンより個人分析を受ける。1959年資格取得後，タビストック・クリニックの思春期部門において臨床と教育に携わる。子どもの心理療法の訓練の中核的存在であり，子どもの心理療法の訓練分析家でもある。著書として，本書のほかに，共著に，教育現場における精神分析の応用について論じた“The Emotional Experience of Learning and Teaching”がある。現在，“Beginnings and Endings throughout the Life Cycle”を執筆中であり，近く公刊される予定である。

監訳者略歴

平井正三（ひらい　しょうぞう）

1992年　京都大学教育学部博士課程満期退学

1997年　英国タビストック・クリニック児童・青年心理療法コース修了
帰国後，佛教大学臨床心理学研究センター嘱託臨床心理士，京都光華女子大学助教授などを経て，現在，御池心理療法センター（oike-shinri@zpost.plala.or.jp）にて開業の傍ら，NPO法人子どもの心理療法支援会（http://www16.plala.or.jp/NPO-kodomoshinri/）の代表を務める。2011年より大阪経済大学大学院人間科学研究科客員教授に就任。

著　書　『子どもの精神分析的心理療法の経験』（金剛出版）
『精神分析的心理療法と象徴化』（岩崎学術出版社）

訳　書　〔共訳〕
アンダーソン編『クラインとビオンの臨床講義』（岩崎学術出版社）
ヒンシェルウッド著『クリニカル・クライン』（誠信書房）
ビオン著『精神分析の方法Ⅱ』（法政大学出版局）
アルヴァレズ著『こころの再生を求めて』（岩崎学術出版社）
メルツァー著『夢生活』（金剛出版）
〔監訳〕
ブロンスタイン編『現代クライン派入門』（岩崎学術出版社）
タスティン著『自閉症と小児精神病』（創元社）
ボストンとスザー編『被虐待児の精神分析的心理療法』（金剛出版）

訳者略歴

武藤　誠（むとう　まこと）

2003年　京都大学大学院教育学研究科博士課程単位取得退学

専　攻　臨床心理学

現　職　淀川キリスト教病院 附属クリニック 心理療法センター

臨床現場に生かすクライン派精神分析
―精神分析における洞察と関係性―
ISBN978-4-7533-0702-9

監訳者
平井正三

2007 年 5 月 7 日　第 1 刷発行
2023 年 8 月26日　第 4 刷発行

印刷　広研印刷(株)　／　製本　(株)若林製本工場

発行所　(株)岩崎学術出版社　〒101-0062　東京都千代田区神田駿河台 3 − 6 − 1
発行者　杉田啓三
電話　03(5577)6817　FAX　03(5577)6837